U0946754

政治：
韩非四十讲

任剑涛　著

GUANGXI NORMAL UNIVERSITY PRESS
广西师范大学出版社
·桂林·

政治：韩非四十讲
ZHENGZHI: HANFEI SISHIJIANG

出 品 人：刘景琳
责任编辑：淡 霞
责任技编：伍先林
装帧设计：张志奇

图书在版编目（CIP）数据

政治：韩非四十讲 / 任剑涛著. —桂林：广西师范大学出版社，2021.12
（名家小课系列）
ISBN 978-7-5598-4282-4

Ⅰ. ①政… Ⅱ. ①任… Ⅲ. ①法家②《韩非子》—研究 Ⅳ. ①B226.55

中国版本图书馆 CIP 数据核字（2021）第 190180 号

广西师范大学出版社出版发行
（广西桂林市五里店路 9 号 邮政编码：541004
网址：http://www.bbtpress.com）
出版人：黄轩庄
全国新华书店经销
河北鹏润印刷有限公司印刷
（肃宁县工业聚集区 邮政编码：062350）
开本：820 mm × 1 092 mm 1/32
印张：11.25 字数：180 千字
2021 年 12 月第 1 版 2021 年 12 月第 1 次印刷
定价：49.80 元

序言：《韩非子》的读法

《韩非子》值不值得读不是个问题。因为只要对中国历史溯源穷流，韩非作为源头处的重要思想家，其著作绝对值得一读。但读来有什么用呢？长知识？增见识？助判断？树价值？优谈资？都对，又都不对。

都对，是因为《韩非子》一书之所以成为中国传统文化经典，就在于它是一座知识富矿，蕴蓄了太多启人心智的宝藏。对这座富矿有益抑或有害，人们看法不一、臧否有别，不必也不可能形成一致的看法。但只要阅读它，就会认识到它的重要性：它会引导你的想法，促成你的看法，影响你的行为。

都不对，是因为《韩非子》一书，并不能为任何价值、知识、行动偏好提供现存的支持。若试图在这部著作中寻找任何问题上贯通古今的有效答案，必然徒劳，必然失望。

那怎么读《韩非子》才是避免两不靠的、有意义的读法呢？一种“进得去、出得来”的读法，也许是相对较好的。所谓“进得去”，就是要进入韩非写作这部论著的时代环境，进入他写作时的具体语境，进入他试图阐释的实际问题之中，从而对他的所有论述切合当时情形地加以理解。所谓“出得来”，就是要争取跳出韩非所有论述的具体环境，发现相关论述的得失，进而发现其所具有的超出时代的大意义，但又不草率地将之视为解决当下问题的直接答案，愿意循其思路，自己去求解当下所面对问题的出路。

如此，读《韩非子》必有所获。

韩非的书不同于中国历史的轴心时期，也就是春秋战国时期大多数思想家的著述。如果从它包含的内容十分丰富的角度来看，那么可以将之视为中国轴心期的政治百科全书。

这里便有两方面问题需要分别交代一下，以方便进入《韩非子》文本。一是什么是政治，传统政治与现代政治有什么区别？中西政治之间有什么异同？所谓“政治”，孙中山给出过一个简明扼要的定义：政治就是众人之事。这话至少对了一半，因为它给出了政治的形式定义，但另一半则未明言。另一半涉及政治的实质定义，即政治乃是一定社会环境中权力与权利的组织方式，权威与服从关系的建构方式，人类生存与发展的关联方式。形式定义，谈的是社会建构的话题，人们都必须在社会中才能生存、繁衍和发展，因此人类生活本质上就是政治的。离群索居，意味着人丧失了他的本质规定性。实质定义，涉及的则是权力建构的问题，人们必须依照一定模式划分出权力与权利的边界，确立起权威与服从的条件，建立生存通向发展的渠道。

从人都必须生活在社会中、政治中来看，历史上任何族群和国家的人，都是没有区别的。但人们究竟生活在什么政治体当中，如何处理政治事务，历史地看，不同族群和国家的做法就大不相同了。所谓中西政治、古今政治，就此划出界线。中西政治是指中国与西方两个地域产生的不同政治形式。因为地理、文化、社会、历史等种种因素的差别，中西政治具有相当不同的特点。

但不能简单将中国古代政治概括为专制政治，因为它也有开明的民主因素；同样不能简单将西方政治仅仅概括为民主政治，因为它也曾出现极为暴戾的专制政治。

政治史乃是各种政体轮番上场的历史。不过当中西地域政治与古今政治叠合起来时，中国确实就遭遇了从古代皇权政治转变为现代民主政治的问题，西方也就遭遇了它在政治上的古今之变与东西之别的问题。现代政治的主流形式无疑是民主政治，这是任何政治体都无法回避的问题。

古今政治之变，是中国和西方都遭遇到的一个根本性变化。就西方来讲，将现代民主政治视为古希腊罗马政治一贯而下的政治形式，这是一个极大的误解。西方学者自己就强调，现代政治的兴起，对西方社会来说，也经历了历史的巨大断裂。民主政治是一种全新的现代政治形式，历史有积累，但绝对没成形。依赖于工业经济、流动社会、国家—国际机制、市场空间、立宪政制等因素建构起来的现代政治，在西方历史上也是一件为时不长的新事物。

我们不能以此阅读韩非的著作，并苛求他也朝这个方向思考。如果一定要这么要求韩非，那么我们就同样要以此去要求恺撒，要求中世纪的君权至上论者了。这是脱离历史情形的过分要求。在中国帝制转向的处境中，韩非适时而出，设计新的政治理念与政治秩序，那是应当表彰而不是应受苛责的事情。至于中国政治的现代之变，那是现代中国人面临的政治考验，应当由他们而不是由韩非来完成。返回去追究韩非，其实就是为了卸掉现代人肩上的责任。而韩非那种应时而出、适时而变的精神，倒映衬出我们当代人政治能力的退化。面对韩非，我们需要反省。

我们读韩非的著作，尽管可以放在古今中西的框架中阅读，但不必首先急于突出它的单纯的中国属性、传统属性。他有关政治的一般议论，对今天人们理解何谓政治，必有启发；他有关政治组织的一般设计，也必然影响现代社会的人们对于如何过政治生活的看法。不过，有两点需要强调，首先它是针对战国七雄时代的政治制度设计，放弃君政、转向帝制，是一条最重要的阅读线索；其次，它对人们理解政治之作为权力运作的活动，极具启发。因此不必急着对韩非进行道德判断，而需要将关注点落在他本人的政治关注点上。

二是《韩非子》作为古代政治百科全书，究竟是怎样的一部书？它是否需要为中国的千年皇权专制负上责任？是否需要为中国的现代政治转型承担责任？或者它就仅是一本有助于理解中国古代从君政演进到帝制的重要著作，因此放在政治史与政治思想史的视角看待即可？韩非写这本书，是基于自己国家的处境，同时基于总体上的国家变局。因此，他的初衷并不是为中国、为人类设计出亘古不变的政治生活方式。他在书中论及人性善恶、历史变迁、权力流变、时局乖张、帝王决断、国家存亡、掌权技艺，都是基于当时情形的论述，都是离开当时情景就无法理解的言说。不过，此书内容之丰富多彩，论道之深刻透彻，确实堪称古代政治百科全书。

全书围绕的核心问题，是如何建构帝制。这是一种呼应当时中国局势的理论进路——林志纯先生所说的传统君民一体的古代城邦民主制已经耗尽资源，走向崩溃。对儒家来讲，这是一种不能舍弃的政治理想，因此全力呵护、尽力阐释、促其升华、保其希望。对韩非来讲，则是一种必须转换的政治结构，因此极力寻找、上下求索、促使转型、务实求新。吕思勉先生以“帝制成功，君政废坠”概观这个时期中国政治与政治思想的特点，可谓确论。韩非正是敏锐地觉察到这一翻天覆地的巨大变化，一者，他不仅适应了这种转变，以这种转变为前提思考政治问题；二者，他还为之天才地设计了一套政治方案，以促成相关转变。这对中国从小规模政治体转向大规模政治体的政制设计来讲，贡献十分巨大：大规模政治体值不值得期望，是一个政治期待的问题，但大规模政治体是中国政治的常体，已经是一个必须认真面对的事实。不借助韩非文本，不能理解这种政治形式。不理解韩非的论述，则不能很好筹划超越这一政治结构的前路。

现代人站在民主的视角，对韩非的这一贡献嗤之以鼻，极尽抨击。由此催生出两条阅读《韩非子》的歧途：一是决绝地攻击韩非，将之作为专制主义的中国鼻祖给予否定；一是反其道而行之，坚决为韩非辩护，认为韩非也是中国民本主义的一个政治学版本。其实这两种阅读韩非的进路，都没有切合韩非的语境。从历史角度讲，政治总是变化的，适应变化而起的政治思想应当得到积极的评价，不管它是专制理论还是民主理论。因为因时而变，是政治史与政治思想史互动的常态。正是相关演变，构成了一部给人们经验与教训以重要启迪的历史。假如人们期待一个政治思想家完成从理想形态到现实实践的、古今一贯的政治设计，就会陷入对政治思想家求全责备的尴尬的困境。

韩非就是韩非。他是一个适应并设计帝制兴起的政治思想家。若对其评价，帝制有利有弊。但它是既成的中国传统政制，既定的中国传统政治思想主流。它对中国古代政治秩序的长期影响已成历史，人们不应该以赞美或谴责的态度对待历史。如果当下人们面对不同于韩非的政治任务，那应该由当下的人们去完成，而不应当在无能完成的情况下诿过于韩非。况且韩非在设计帝制的时候，确实对政治生活的改革方面都有论及，因此本身也是极为复杂的一个体系。值得期待与让人不满的因素混杂在一起，读者不能以“小葱拌豆腐——一清二白”的草率态度去阅读、理解韩非。

被误读的韩非，就是一个被简单的阅读者态度肢解的韩非。应当还韩非以历史本来面目：他是中国历史上第一次伟大的政治转型——从君政转向帝制的理论完成者，但他一定不是中国历史上第二次伟大的政治转型——从君主政制转向民主政治的理论先知。在人类历史上，尚未出现一个政治思想家构想两次政治转型设计方案的例子。陷溺于现代政治转型困境的人们，把转型不成的责任推给韩非，乃是一种非常好笑的做法。如此，我们就必然会陷入一个时时处处谴责历史、放纵现实的可笑境地。

只要心情释然，便能读懂韩非的伟大。韩非对政治时局的敏锐洞察、对政治游说高超技艺的把握、对政治情景的高度掌控能力、与君王理念的有效磨合，乃至于对人性的深刻理解、对权力操作的透彻旁观、对历史演替的通透总结、对政治大局变化直截了当的理解、对政治权力秘密的有力揭破、对非政治和反政治思路的无情嘲笑、对应时而起的帝王之治的凝练刻画、对治术有力的论证与对儒术拒斥的相形而在，活脱脱地展现了一个深刻的政治思想家的风采。阅读《韩非子》，岂可以权术目之？即便是他着力阐释的政治思想被打上推崇权术的印记，那也是对政治权力技艺的深刻揭示：在政治操作的实际过程中，唯有凭借权术、透过权术，才能抵达政治本质，才能揭示政治秘密，才能透观政治结构。在一种绝对反权术的单纯道德意愿中，政治必然处在难于理解的云遮雾障之中。

《韩非子》一书，留存下来的通行版本，有五十五篇文章。这些篇章，全部出自韩非，基本可信。全书大致写于韩非在韩国基于战国局势思考政治的过程中，成于游说秦王（后来的秦始皇）之际。五十五篇，各有主题、各有针对、相互贯通，构成一部可称为中国历史乃至于整个世界历史上少有的、撼人心魄的政治学著作。在中国政治压倒性地多于政治学的情况下，在中国道德意愿的表达远超于政治学探究的情景中，韩非对政治的全方位理论剖析，实在弥足珍贵。

笔者重读《韩非子》的尝试，有增进中国政治思想史知识的动机，也有为韩非辩诬的想法，当然更有还原中国政治史和政治思想史原貌的冲动。笔者希望能够与读者一起，为在一种不为国人现代情愫所困的条件下理解韩非而做出努力。

好了，一起携手去耕耘《韩非子》文本吧！

目录

第一讲
为什么要读《韩非子》

嗟乎，寡人得见此人与之游，死不恨矣！

——秦始皇

韩子引绳墨，切事情，明是非，其极惨礉少恩。

——司马迁

为什么我们要读《韩非子》？尤其是在今天这个现代化深度、迅速发展，我们已经跟思想祖先们如此隔膜的情况下，为什么我们还要读《韩非子》？我们先从一个故事讲起吧。

微信上有一个段子讲，如果我们进入一个小区，遇见保安，保安会问我们：“你是谁？你从哪里来？你要去找谁？”这实际上就提醒我们，我们在生活中，始终要追问自身的身份、历史与关联者。如果要追问我们中国人何以成为中国人，我们中国人是从哪里来的，是如何发展到今天，未来又会如何发展、走向何处，我们就必须面向历史，以求鉴往知来。

而在中国的历史草创时期，韩非是一个绕不过去的人物。《韩非子》五十五篇，更是我们理解先秦历史绕不过去的一本重要著作。为什么《韩非子》这么重要呢？简单地讲，它是在中国历史上思想最繁荣、政治最活跃、战争最频繁的时代，应时而起，试图建立崭新政治秩序的重要著作。

一、与众不同的韩非

韩非与同时代其他的政治秩序设计者一样，尝试将天下无道变为天下有道，也就是让天下从丧失秩序走向重归秩序。在儒、墨、名、法、道、兵、农、阴阳、纵横、杂家，所谓“九流十家”或通称“诸子百家”当中，韩非子看问题、出主意、提方案、办事情，总之，“应帝王”，都是最有特点的。

简单比较一下，大家就会意识到此言不虚。对中国后世产生最大影响的儒家创始人孔子，是一个循循善诱的人。后人评价孔子是个仁者，就是这个意思。“三人行，必有我师焉，择其善者而从之，其不善者而改之。”这样一个仁者，对人比较宽厚、温和、大度，能够择善而从。

墨家的创始人墨子，也很有特点。墨子做一件事情，会一做到底，顽强坚持。所谓“死不旋踵”，死也不旋转足跟后退。墨家所强烈主张的尚贤、尚同、兼爱、非攻、节用、节葬、天志、明鬼、非乐、非命，都非常具有时代特点，且与其他各家迥然不同。

而道家的创始人老子，据考证，其身份可能是周代的史官。但他最后看透了春秋时期诸侯相攻、天下失序，不再怀抱希望。因此放弃了官职，躲起来成为隐士。老子骑牛出函谷关，关令尹喜提出：先生有这么多学问，不讲出来，我就不放人。于是老子奋笔疾书五千言，从此不知所终。因而老子是看透世事的，但人们通常认为他是反政治、反社会、反文化的。

儒家是“庙堂之上”，道家则是“江湖之远”。比较起来，韩非的入世跟儒家有得一比，但他也有自己的特点——政治论说力透纸背。韩非不仅像儒家那样重视庙堂之上——大儒试图以仁义之说规训君王，陋儒谋求加官晋爵，而且重视权力，推崇君王之术、帝王之术。但他不止于对君权顶礼膜拜，他还完全穿透了君王权力的隐秘，因此对之进行了极富洞察力的揭示。可以说，如果想了解中国政治的源头、中国政治的秘密，想了解秦何以一统天下，不懂韩非，那一定是不甚了了的。但是这样去理解韩非，不过就是一种历史趣味。读《韩非子》无疑能了解周秦之变，了解在战国那样一种乱世之中如何去整顿政治秩序，但更关键的是，韩非告诉了人们怎么去思考政治，怎么看待政治中的人物，怎么去处理政治生活中的各种权术、智谋、斗争，从而在斗争中取胜。前者，可以帮助我们了解战国政治的事实与走向，理解从分裂国家走向统一国家的政治大势。后者，可以帮助我们从一般角度把握政治的特质，理解政治不同于道德、宗教的特殊性。

儒家创始人孔子从伦理角度理解政治，特别强调君君、臣臣、父父、子子。韩非则从权争的角度理解政治，对这些人际关系是绝对不信任的。不仅不信任，还特别强调人性之恶。在他看来，哪怕睡在丈夫旁边的妻子都不可信，何况掌握重权的大臣？对驾驭群臣的国王而言，君臣之间没有什么信任可言。因而，君王一定要采取一切办法，防止臣下弄权、篡权，防止臣下弑君称王。所以他可能要通过法律、依靠权谋，把握政治中争权夺利的优势、趋势和大势。

韩非的这种看法，可以说与先秦其他各家完全不一样。读《韩非子》，确实能帮助我们廓清边界，从独特的角度理解什么是政治，了解什么是权力，洞察政治斗争的隐秘，深知帝制到来之际帝王握权的命门，从而帮助我们在毫无修饰的情况下去观察、认识和深入了解政治生活的权力之争的实质。可以说，在凸显政治本质方面，韩非是中国历史上唯一的，在世界历史上也是罕见的思想家。

因此有的人把韩非看得很低，觉得他不如儒家温情脉脉，也不如道家透观世事。与前者比，韩非将政治说得让人透心凉；与后者比，韩非太过执着于权争而无法潇洒走一回。

但是不要忘了，人类生活本质上就是政治生活。道德伦理生活于其外，提供正当性说辞；政治生活于其里，指引现实行动方向。两者对于人的生活都必不可少，无正当性说辞，便无矫正现实缺憾的精神支柱；无现实行动方向，则不足以解决实际问题。在古代社会，这两者的对峙性没有得到解决，要么前者压制后者，成就儒家政治思考模式；要么后者胜于前者，而成就法家政治思维模式。汉代的解决方案是阳儒阴法，但实质上两者的张力并未化解。现代的解决方案是法治，将两者张力明显降低。

二、永不过时的《韩非子》

按照现代的理解，政治生活当然要靠道德来约束，也要靠法治来规范。但是政治归于政治，不直接借助道德约束。不过不要忘了，在人类政治的最初阶段，人们不能够直接意识到法治和自由，不能够直接建构自由、法治之下的民主，因此，也不能够以自由、民主、法治来引导政治。这种情况下，试图为政治生活供给秩序，一方面需要儒家那样的基于道德的设计，将政治隐匿在道德的帷幕后；另一方面就像法家那样通过无须遮掩的权力斗争来保证掌权者利益并强力维护秩序，而不至于陷入战国时期那种“你方唱罢我登场”的混乱局面。

这与战国时期天下大乱、相互争战、权力僭越的乱局有密切关系。这样的乱局需要整顿。在儒家视野里，“春秋无义战”，因此需要以仁、义、礼、智破解“天下无道”，以“吾从周”恢复“天下有道”，这是一种可贵的政治理想。但战国后期那种混乱而无序的征战政治，怎么才能得到有效整顿呢？儒家的道德拯救，缓不济急。亟须的是在政治上迅速恢复秩序，以免诸侯政权之间的战争连绵不绝，导致生灵涂炭、民不聊生。这样的政治秩序重建，我们不可能设定今天习以为常的政治理念与政治秩序，并由此去想象在草创政治规则的先秦时期，初创政治规则的韩非就能够达到两千多年之后，经过人类艰苦探索才达致的自由、民主、法治的政治视野。

我们反而应该佩服韩非。在战国后期的混乱时局中，他知道如何去讨论政治问题，如何去洞察人心、人性，如何去看透道德伦理面纱后的权力之争，如何在权力之争当中维持法律秩序，如何在维持循名责实的情况下保证统治秩序和统治状态，维持一个可以让君主的优势、大势、趋势鲜明显示出来的政治格局。

因而在这个意义上，虽然人们命名韩非的著作为“帝王术的集大成著作”，但是它确实让人醍醐灌顶。在今天，要透观政治的秘密，只要瞧瞧电视连续剧《纸牌屋》就会了然于心。《纸牌屋》中揭示的现代政治权力斗争，既让人匪夷所思，又让人心惊肉跳。此时配之以《韩非子》中关于政治法术的论述，则既可以发现政治现象上古今惊人的一致性，也可以透观《纸牌屋》政治故事背后深沉的政治本质。

所以，对今天的人们来说，《韩非了》仍然是认识政治和权力的参照。

三、我们该如何去读《韩非子》

有人讲，《韩非子》这本书不能多读，读多了心理会变得非常阴暗，因为它只讲权谋之术。但具体深耕《韩非子》的字句，我们可以读出它所携带的丰富的社会历史信息。

读这本书，第一要意识到，它是周秦之变这一特殊历史时期的一部经典著作。周代是早期中国第三个重要朝代。周代的特点是大宗管小宗、大宗套小宗，就是大姓套住小姓、大姓分封小姓，大姓掌管天下、小姓掌管地区。到了春秋战国，这种依靠血缘管辖建立起来的秩序被打破了，中国出现了崭新的社会组织办法，那就是以非血缘的军功爵制度建立的社会秩序。韩非子正好适应了这样一个变化，建立起以打破血缘亲情为前提条件的、依托于“法”的治理秩序。当然很遗憾的是，韩非子用术，尤其用心术权谋，来辅助这个“法”，没能把“法”的原则贯彻到底。但是总的说来，他确实适应了周秦之变的社会历史需求。

第二，需要强调的是，韩非所处的是战国末期，其时中国已经经历了春秋时期的大混乱。一句话概括，春秋战国是中国失序、天下大乱、君臣大防被彻底突破的时代。在这样的时代处境中，韩非与所有其他的思想家一样，考虑的是如何收拾这个局面。之前已有儒家——从孔子到韩非的老师荀子，分别从内心秩序到政治秩序、从王道和霸道两方面进行了设计，但是都没有起到效果。也有曾经兴盛一时的墨家与杨朱，设想过诊治时弊的方案。但墨家坚韧而行的十大理念，与中国社会实际太过疏离，因此在一时之盛后，迅速归于寂灭；杨朱主张拔一毛利天下而不为、天下加予一身而不取，则是一种彻底的利己，因此完全丧失了济世救弊的功能。韩非必须另辟蹊径，去适应战国晚期试图称雄天下的诸侯们，使他们能够真正一统天下。

一统天下，就是周秦之变的最后政治结局。对周秦之变，人们可以说它值得，也可以说它不值得，但首先它是一个历史事实。今日人们谓周秦之变不值得，是认为大一统不一定好，分裂也不一定坏；而且环顾世界，小国治理的绩效往往较好。而谓周秦之变值得，则指这一变局收拾了长期的诸侯征战乱局，让中国重新建立起了中央王权，而且以大一统的建制为此后中国的制度模式奠立了稳固的基础。这两种看法，都是后世评价性的说辞。在战国末期，统一中国已经是大势所趋，这是一个政治事实。韩非作为一个韩国贵族，在韩国没被重用，而在出使秦国的时候，让秦王嬴政有机会展阅其五十五篇著作。秦王大喜过望，正像《史记》上所记载的那一句有名的惊人言语：“寡人得见此人与之游，死不恨矣！”想想，一个雄才大略的诸侯王如秦王嬴政发出如此的感叹，韩非子的著作是多么准地击中了意欲统一天下的诸侯王的心门：我要是见到这个人，并且与他交游，死而无憾。看得出来，韩非跟雄才大略的秦始皇一碰撞，就相互产生了内心的呼应。因此，读《韩非子》，你可以读出一个思想家何以与一个帝王产生如此深沉的精神共鸣。

此外，尽管韩非今天被人们视为不善甚至是邪恶的思想家，但是如司马迁在《史记》里强调的，先秦诸子百家都有一个共同的特点——“务为治者也”，也就是一心都想求天下大治。因此，韩非著述的目的，其实跟后世人们一贯表彰的儒家所讲的礼制秩序、仁者爱人是一样的，只不过是提供了不同于儒家的另一种治理国家的方案而已。后来秦始皇用了他的理论，一方面统一了天下，另一方面凸显了矛盾，也就是“万世之基业，二世而亡”的尖锐冲突。但这是不是韩非的错呢？当然不是。如果秦始皇能真正贯彻韩非的方案，结果可能会完全不一样。这当中有一个政治思想家和政治家之间的差异问题：思想家的“务为治者也”是设计方案，在方案当中择善而从则是政治家的责任。与其将秦二世而亡的责任归诸韩非，不如归诸秦始皇。

第三，还要强调的一点是，韩非的“应帝王”，确实包含追求个人发展的意味，这无可指责。但平庸的韩王没有意识到韩非思想的重要，所以韩非到了秦国，且受到秦王的高度重视，从而在战国末期发挥了决定性的精神引导作用。因而在他的存韩与亡韩的论述当中，对诸策略的选择，必然有为了保全自己性命的一面；同时，也心存保护祖国的想法。但第三重含义无疑是最重要的，即适应历史大势去推动天下重归一统。可见，对《韩非子》这部著作，要将小背景与大背景结合起来读，才能真正理解韩非的微论宏旨。

简而言之，我们不能把韩非简单地当作邪恶导师，因为政治本身有它的良善面，也有它的邪恶面。两者相结合，才能呈现出政治的真实面目。如果说儒家教我们看到了政治的良善面，那么韩非则是展示了这种良善的背面，也就是邪恶面。而且韩非对战国后期政治局势的准确判断，使我们首先基于政治处境透观政治全局，从而完整地认识古代政治或者人类政治的本来面目。因而我们今天读《韩非子》，不是隔膜的，而是有内心呼应的。

另外，读《韩非子》是不是会促成我们急功近利的政治心态，将里面的一些权谋之术作为晋升之阶呢？有可能，但需要辨析。《韩非子》只不过启发我们思考政治，不是说他讲权谋之术，我们就仅仅关注权谋之术，而是要透过权谋之术，去观察他对政治隐秘的洞察、对时局把握的见识、对政治献策的精准、对政治趋势的明了。有人说，韩非不仅一心“应帝王”，而且把人性看得太透，父子相食、“君臣一日百战”，他建立的这种不信任文化是与人不善的，而不是与人为善的，对促成良性的社会文化不利。这一说法有一定道理。但能不能与人为善，取决于实际生活世界中我们自己的决断，岂能归诸韩非的一个主张?!

读《韩非子》一书，在阅读策略上，可以遵循三条线索。一是还原历史地去读，即在先秦诸子与先秦政治之间，既尊重《韩非子》文本，也比较先秦诸子主要流派的主张，然后随先秦政治的变化，将文本与实际叠合起来读。二是放进中国大历史的背景中读，看韩非的主张与秦国政治混合后的政制，对中国古代乃至于今日中国产生了什么影响。三是就中西比较的线索来读，看中西政治的异同，进而理解政治的古今之变。

唯有这样去读《韩非子》，我们才会知道，这部书，字里行间都是深具启发的。

第二讲
情理之间：存韩还是亡韩

臣闻不知而言，不智；知而不言，不忠。为人臣不忠，当死；言而不当，亦当死。虽然，臣愿悉言所闻，唯大王裁其罪。

——《初见秦》

“兵者，凶器也。”不可不审用也。

——《存韩》

一、临危受命，出使秦国

深耕《韩非子》文本，应当遵循这本书的编目次序。所以，我们首先要读的是《初见秦》和《存韩》两篇。

这两篇之所以要合在一起读，是因为它们是韩非在担负特殊的政治使命、处于特殊的处境下写出的。其实

第二篇《存韩》应该提到《初见秦》之前来看，因为韩非写出此篇后，却没有为韩王所用，他大失所望之际，却被韩王派出去游说秦王不要攻取韩国。两篇作品的大背景，是战国的“合纵连横”。在战国中晚期，西边的秦国越来越强大，燕、赵、韩、魏、齐、楚六国就联合起来对付秦国。这六个国家正好是南北纵向分布，联合起来就是所谓“合纵”。“连横”，就是西部的秦国跟东部国家的联合，是瓦解“合纵”的策略。今日再用该词，所指便是纵横捭阖、广结同盟、善于应变、求存自强。

韩国之外的六国，几乎都比韩国强，因此韩国对秦国采取的是修好的策略。但后来，秦国准备进攻韩国，韩国感到危机来袭，所以韩王派韩非去游说秦王，以避免灭国危机。韩非为此上书秦王，就写成《存韩》这篇文章。

在《存韩》里，韩非提出三个理由，让秦国不要首先攻打韩国。

第一，秦国现在这么强大，攻打韩国实际意义不大。原因在于，韩国一向侍奉强秦，给秦纳贡，这样的地位与秦的一个郡县也没有什么差别了，何必攻韩呢？战略上、策略上都没有意义。秦应该先攻打那些不服从其权威的诸侯国，战胜它们，再收拾韩国也不迟。对于秦国的大战略来说，这样做才是最值得的。

第二，韩国本身因为处境堪忧，上下同仇敌忾，谁来攻打韩国都要付出不小代价。秦不付出性命代价，是不可能攻取韩国的。除此之外，韩国的城池不好攻占，如果秦国要进攻韩，可能占领一个城池就得退兵。诸侯一看，秦王攻韩简直就是一个笑话。取小胜，却让人瞧不起，多么不划算。

在韩非看来，更为关键的原因是第三点。像第一、第二点所说，其实韩国的存亡对于秦国的大计——举霸王之业，是没有多少影响的，战胜强国才更有利于秦国的大一统之业。在这种背景下，赵国才应该是秦国首先进攻的国家。如果不能战胜赵国，秦国在“合纵连横”的政治变局当中，不会有重大的收获。

因此，第三，如果秦国一战而不能取胜，甚或是像一些其他国家，一战而变得衰弱，同时又使人们进一步看清了秦要一战而屠诸强的欲望和计谋，那么就变成一种双重失败了。

基于这三个理由，韩非在见秦王的时候，首先要求“存韩”。从这三点陈述可见，韩非是有政治游说技巧的人，他站在秦国的立场上为韩国讲话，而不是直接护韩，似乎把韩国的利益放到一边，而将秦国的利益摆在了首位。尽管明眼人一望即知，韩非是为保全韩国，但明面上却不好斥责韩非的进言，因为他口口声声是在为秦国的大战略着想。这是韩非切近政治，以政治思路去思考政治的思维特点的一个反映。这是一般儒生没有或不屑的思路，儒生会直接斥责秦的穷兵黩武，并以“仁、义、礼、智、信”来规训秦王。这就颇为迂腐了。至于墨家，一方面会以“兼爱”“非攻”的主张矫正秦的政治理念，另一方面会营造防备秦进攻的装备，化解战事风险。韩非则向秦王直接展示攻韩的利弊，以此影响或改变秦的战事部署。韩非直面战国政治军事局势，展开政治思考的特点，因之凸显而出。

二、个人命运与家国命运的转折

但是，极其不巧，韩非的同学李斯在其陈情秦王的此时，已经是秦国的重臣了。韩非要通过“合纵连横”来说服秦国，同样，李斯也要在“合纵连横”的大处境当中捍卫秦国的利益。取向不同，进言进路必然相异。况且，同学相争，还有一个水平高下之分的问题，换言之，他们的竞争中还夹带着一些“私货”。

韩非在政治理论上的才情、在政治洞察力上的深刻，以及在“合纵连横”上的判断、进言君王时所具有的煽动力，都超过李斯。所以李斯是非常忌讳韩非游说秦王的。恰巧韩非向秦王上《存韩》篇，力求以存韩为目的改变秦的行动，所以李斯趁机进言：韩非表面上似乎是在为秦国盘算，秦国不先攻韩，似乎得利还大，但终究是为韩国着想，其心可诛。

李斯的这番进言非常具有挑唆性。秦王一听，怒从心头起，于是就把韩非拘押了起来，让他下了大狱。

这样，韩非再想要进言，就毫无门路了。而且下了大狱的韩非就不是一般的使臣了，而是秦国的罪人，有性命之虞。这个时候，韩非的想法就发生了可以预料的180度大转弯。所以在《初见秦》篇读到的意思，在某种意义上，也被人们解读为"亡韩"。

我们可以提供两个理由来解释这个态度的大转弯。

第一，韩非思考问题的背景，已经发生了重大改变。他随时有被砍头的危险，因而必须说一些秦王更能听得进去的话。只有放下自己的家国情怀，设身处地地为秦王考虑，才能保全性命，才能进一步去说服秦王。这时候，如果《初见秦》里的想法上达秦王，还可能改变局面。

第二，也是更重要的一个原因，就是起初韩非代表韩王出使秦国时，他的家国归宿是清楚的，因而政治立场和政治态度也是非常明晰的。下了大狱、生命堪忧，反而促使韩非从一般的春秋战国的局面，尤其是战国七雄竞争之势的战争常态上来考虑问题了。这样的考虑，使韩非超越了观察七雄竞争时局、分析“合纵连横”现实处境的局限，而真正站到秦的立场上来看战争的后果。因此，韩非这个时候反而视野开阔起来，观察问题的客观性也比写《存韩》这篇文章的时候高出很多。在韩国存亡之间，韩非自己遭遇了生与死迥然不同的处境，这使得韩非观察“合纵连横”的战国处境的角度发生了重大的变化：从考察秦韩关系陡然提升为对战国一般局势的观察与判断。

三、角色转换，由韩入秦

因此，在《初见秦》篇当中，韩非的分析就与《存韩》篇大为不同，可以从以下几个方面理解这一点。

第一，这时韩非改变了自己进言的身份和角色。以前是以韩王使臣的身份来见秦王，代表的是韩王，因此他的进言表现出两国之间微妙权衡的技巧。而现在身陷秦国大狱，他的身份已经彻底改变，必须争取获得秦王的信任。

韩非首先采取的是近乎离间的方法。当然这样就使得李斯更畏惧他了，这为后来李斯假秦王之命害死他埋下了可怕的伏笔。但是基于自己进言的处境，韩非确实首先必须强调，秦王既有的谋臣的谋划是不到位的，因而不能使秦王快速建立霸业。

第二，韩非强调：我现在是站在你秦王的角度来替你考虑，如果你听从于我，那么“合纵连横”的僵局都可以破解。

第三，韩非也特别向秦王敬献忠心：如果你秦王听计于我，而霸业仍不成功，那么我愿意献上自己的脑袋。韩非试图如此把自己命悬一线的危机处境，转变成作为为秦王筹划“合纵连横”、实现霸业的谋士的有利处境。

可以看出，韩非对政治进言有一个多么聪明的反应。他会在危机处境下，把个人安危转换成秦图霸业，因而立马就浮现出建立信任感的可能。确确实实，此刻韩国已经不再是能够保障韩非个人性命的、视为归属的祖国，韩国的实力也不足以跟秦国讨价还价，韩王本身也不看重韩非的政治见解，不可能跟秦做交易去救韩非的性命。

因而，此时对韩非来说，韩国就变成了客观的、可以讨论的、“合纵连横”的战国战争形势当中的一颗棋子或一个问题。在这样的思考背景中，顺势亡韩不可避免。情势明摆着：只要秦当霸且霸，而不是它图霸不霸，那么韩国之亡，从韩非的客观分析来讲，也就不是问题了。

四、进言献策，以图霸业

正是在这种背景和条件下，韩非针对秦与齐、赵、燕、韩、魏、楚的处境，做出了一个听起来可靠的形势分析。他认为通过这个设计可以劝服秦王：第一，明白秦的处境；第二，撇开既有谋臣那些不到位的主意；第三，听从自己这个特别到位的建议。

这不仅可以免除韩非本身的生命危机，也确确实实为秦王绘制了一张在“合纵连横”当中图谋霸业的战略蓝图。

而这时我们可以看到，韩非也确确实实在政治谋划上有过人之处。事实上，韩非除了对秦、齐、赵、燕、韩、魏、楚国各自在战争处境中的特殊状态做出了周全的论述外，更为关键的是，他还透过对战争实际状态的分析，对战争的一般原理做出了深刻的解释。

韩非特别强调，对一个正在打仗的国家来讲，能够知道自己国家的优势，知道不要拖长战线，不要让民众疲乏而粮草供给不足，不要让图谋霸业之心首先为他国识破，是战争取胜的关键。而更关键的是，开展诸侯战争，在一般原理上，是不是像人们一般认为的那样，仅仅是韩非技巧性的说辞、帝王术的陈述呢？这个恐怕有点冤枉和贬低韩非了。

韩非指出，在战争中，“世有三亡”“以乱攻治者亡，以邪攻正者亡，以逆攻顺者亡”，即以混乱之师攻打严整之师，以邪恶之师攻打正义之师，以叛逆之师攻打顺利之师，都是自取灭亡。所以韩非在进言里说道：“夫战者，万乘之存亡也。”（《初见秦》）“‘兵者，凶器也。’不可不审用也。”（《存韩》）当霸则霸，不要听任和事之说，随时调和，随时后退；当断不断，反受其乱。如果秦王在把握战争的特殊处境和以上一般原理的基础之上，解决因赏罚不公导致臣民不卖力的根本战争动力问题，谋臣尽忠、军民奋战，秦国的霸业不在话下。注意这里对战争胜负决定因素的陈示：战争技艺高低的判断，复加战争主体是否积极踊跃。后者尤其体现出韩非不单单是一个只重客观局势，而不顾战事主体感受的战争之浅表观察者。

可见，韩非关于存韩还是亡韩之论，是超过个人当下处境的深刻政治军事分析。这也正是韩非之为韩非的特点所在：他对政治军事形势的判断之敏锐，远超过一般谈论仁义的儒家中人。儒家自然是站在道德的高位展开政治审视的，因此才有孟子拒斥诸侯王计较利害得失、全力寻求富强的强烈欲求，并直率要求诸侯王专注于仁义道德。自然，韩非也不同于墨家中人主张“非攻”，拒斥战争，致力于达成“兼相爱、交相利”的理想社会状态。当然也与道家退隐的态度完全不同。从不同视角看，各家均具其理。但相比而言，韩非是先秦不多见的、紧贴政治现实思考问题的思想家。只要人们愿意站在政治的视角，尤其是站在战国七雄争霸的政治视角看问题，就会意识到韩非的选择是顺应时代变局的睿识。

放宽眼界看，他的这种主张，与交相争战的古希腊政局下雅典采取的某些举措，有着异曲同工之妙。雅典是古希腊的一面旗帜，以古代民主政体较为充分的发展载入史册。但雅典对外是奉行帝国主义政策的，不仅对提洛同盟中的城邦国家采取霸道的做法，而且以战争为基本手段争夺更多的殖民地。尽管有雅典亡于帝国主义的说法，但在事变时运之下，它不得不走这条路。如果雅典没有意识到它处境的变化，照样采用“老皇历”应对新变局，也许它灭亡得就更早。这就是政治：不能不以变应变，但应变的结局也许背离初衷，也许有意外惊喜。试图以不变应万变，则是完全不可能的。

韩非可以说是战国时代对政治变局具有最敏锐的感觉的人，而且他对不可规避的战事在性质上所做的归纳，对君王所提出的战事规劝，实在是切中时代之需、直指时代弊端。政治之所谓审时度势的特性，在韩非的论道中得到鲜明体现。如果真按照韩非之言征战，之后秦国未必陷入李斯之谋的泥潭。因为后者过于苛刻的计谋，让秦完全丧失了统治伦理，这恰恰是对统治时局失于判断的表现，明显不及韩非的政治敏锐性、时局洞察力与治术有效性。

第三讲
谏言困境

臣非非难言也，所以难言者：言顺比滑泽，洋洋缅缅然，则见以为华而不实；敦祗恭厚，鲠固慎完，则见以为拙而不伦；多言繁称，连类比物，则见以为虚而无用；总微说约，径省而不饰，则见以为刿而不辩；激急亲近，探知人情，则见以为僭而不让；闳大广博，妙远不测，则见以为夸而无用；家计小谈，以具数言，则见以为陋；言而近世，辞不悖逆，则见以为贪生而谀上；言而远俗，诡躁人间，则见以为诞；捷敏辩给，繁于文采，则见以为史；殊释文学，以质信言，则见以为鄙；时称诗书，道法往古，则见以为诵。此臣非之所以难言而重患也。

……世之仁贤忠良有道术之士也，不幸而遇悖乱暗惑之主而死。然则虽贤圣不能逃死亡避戮辱者，何也？则愚者难说也，故君子难言也。且至言忤于耳而倒于心，非贤圣莫能听……

——《难言》

《难言》是一篇助人理解韩非话语艺术的文章。韩非不是单纯逞口舌之利，而是针对君王之需，富有针对性地展示自己洞若观火、鞭辟入里、切中要害、一语中的的政治语言艺术。

韩非是以说客的身份进入战国中晚期政治史的。但是，在游说方面，并不见得所有人都像秦王那样欣赏他。这里就显示出诸侯王的品类差异。换言之，进取有为的君王与碌碌无为的君王，面对一个政治话语具有醍醐灌顶之效的说客，反应是迥然不同的：前者满心欢喜、喜得知音；后者毫无感觉、冷漠以对。因此，两类君王的历史作为也就高下立判。

如前所述，韩非的祖国——韩国的韩王就不欣赏他，韩非在韩国并不见用。可以说，无论是他的政治游说技巧，还是他的政治穿透力，都因此丧失了融入韩国政治历史进程的契机。韩王派遣他去游说秦王，以避免秦国进攻韩国，但最终，因为与李斯的私人竞争关系，也就是“既生瑜，何生亮”的冲突，韩非下了大狱，丢了性命。作为一个说客，韩非为什么会有一个令人如此感慨的悲剧结局呢？

《韩非子》第三篇《难言》揭示了其中的一些道理。韩非深知语言自身的限度，也深知语言表述技巧的限度，更深知大臣向君王进言、利用语言技巧、突破语言存在之天堑的巨大难度。这是政治语言与日常语言大为不同的地方，也是一般人在向君王进言时感到进退失据的地方。

一名大臣要游说君王，首先有身份上的障碍。他是臣下，臣下首先得尽忠。因而，怎么样让君王觉得他是在尽忠，而不是进谗言，便成了问题。要想让君王觉得对他自己有所帮助，而不是使诡计，不是在捣蛋，不是在使坏，这确实是需要通过语言的表达技艺，通过对进言环境的精准衡量，通过对效用的可靠保证，才能实现。

大臣向君王进言，还隔着一道权力的天堑。也就是政治理论上的所谓谋和断的悖论：谋划者再怎么聪敏睿智，看准问题，他也不能替代君王拍板；君王再怎么昏聩，他也是最后决定某项谋划是否执行的拍板者。因此，大臣无论怎样殚精竭虑、妥帖思考、周全设计、全力以赴，甚至将谋划做得至真至善至美，君王自有其想法，在决断的时候对大臣的相关进言，就是不听、不用，大臣也只有干着急。谋与断常常势同水火，之间有一道不可逾越的天堑。

大臣进言君王，不仅有身份、角色的悬殊差异，而且还会遭遇语言的天生屏障：语言具有模糊性。因此，语言技巧可以被人暗示性地运用、直率地运用、两可地运用、偏狭地运用、情景性地运用，但这些技巧是很容易导致误会的。试图营造一个哈贝马斯所说的“理想的对话情景”，一者，需要说和听的双方，都必须聚精会神，这样方能辨明语言表达背后的真实含义；二者，需要双方都相信对方的善意，对对方的陈言及倾听的真诚性不加怀疑，以期形成共识；三者，需要君臣双方暂时放下身份差异，以有效分析问题为唯一取向，从而获得真正有效的解决方案。

而君王本不能轻信大臣。如果君王听信大臣，一定要经过一个鉴别过程：听其言而观其行。这就需要君臣间的长期磨合。如韩非这样一个自称为“臣下”，但却跨越国界、跨越诸侯王的非臣之臣，试图向一个初见面的、未能建立起信任的君王——秦王进言，试图有效地突破语言的天堑，获得其充分信任，可以说言说之难，难于上青天。

可见，信任关系、权力屏障、表述状态、情景选择，无不影响进言的效果。所以韩非写《难言》这一篇文章，他首先意识到的不是政治上的困难，而是语言本身导致的君臣之间对话，尤其是大臣向君王进言的言说的内在难度。

韩非对进言之难这个问题的剖析，即使在今天也是特别启人心智的。正如分析哲学、语言哲学大师维特根斯坦所说，语言就是人类的家园，一个新的概念意味着一种新的思想。作为基本的交流工具，使用什么术语、理念、判断陈述自己的看法，语言发挥的作用，妙不可言。人们需要一定的语言天赋，才能营造出这样一种有效的对话情景，并保证对话有益于双方的相互理解。语言的玄妙、言语的技艺，在韩非那里已经展露无遗。可以说，他是人类运用语言艺术的第一代天才，人类拓展语言空间的第一代大师。

如果韩非仅仅从一般的语言技巧、语言本体来讨论进言的困难，那可以说也不过是一名说客对自己进言有效与否的考虑和关注。但韩非把这样一个问题，渗透到了具体的政治史和政治经验教训上，展开了言说困境的第二个方面的分析，也就是说客与游说对象之间的严重错位而容易造成的言说困境。大臣作为游说者，君王作为被游说者，是不是那么容易就能够一拍即合而展开惊为天人的合作呢？这是很难的。

下面我们就把话题切分为两个方面，来看韩非子怎么展示“难言之隐”。

韩非首先从十二个方面，也即进言的十二种方式，谈了言说的困难。从中可以看到，他确实全面把握了大臣游说君王的言说难题。

韩非讲，第一种要清楚，不是大臣不够能言善辩，不能做到口若悬河，不能做到随情景而采用语言艺术，关键是大臣面对君王有难言之隐，因为语言表述的障碍可能导致君王的误解。君王总是去猜忌这个言说、游说的大臣在进言的时候究竟是什么样的姿态。

第二种，如果大臣使用华丽的辞藻，君王首先就怀疑，此人华而不实，所谈无用；如果大臣说话诚恳恭敬，非常正直，君王是不是就会感觉好一点呢？没有，君王这时可能会认为此人笨拙。第三种方式，就是多次引用古语，用比喻的方式来解释，这时君王又会觉得空洞：你说的这些有什么实际用处？

于是，再换第四种方式——用概括而精微的道理来述说，言简意赅而不加修饰，是不是好一点呢？这种情况下，君王会认为：怎么措辞这么生硬，为什么就不能巧妙一点呢？于是转而采取第五种方式，以讥刺君王近臣来探知事物的真相。结果君王觉得，此人挑拨离间、在进谗言，不懂谦让，不能与人合作。

那么再换第六种方式，广博深言，难测其深度，显得玄妙。这时君王又会说，这个人只会说大话而不实用。于是用第七种方式，像拉家常一样，臣子表现得非常有耐心，柴米油盐、衣食住行，一一道来，显得关系非常亲近，效果是不是会好一点？这时君王却又觉得，此人太浅薄简陋，这些鸡毛蒜皮有什么好讲的。

因此换第八种方式，用切近日常生活的语言，在言辞上揣摩君上之意。这又引起君王反感：这个人贪恋生命，献媚主上，居心叵测！为了避免这种危险，又换成第九种方式，说一些远离世俗之言，把人间一切奇异事物拿来做比喻，讲给君王。君王是不是会感觉此人出言奇绝，悦耳动听，对世间如此奇事都了然于心呢？也许会。但他转而一想，这个人怎么会懂这些怪诞的事情，不能够讲点正常的事情吗？

臣子于是迫不得已，采取第十种方式，敏捷善辩，富有文采，让君王听得进去，入耳、入脑、入心。但结果君王又认为这人非常浮夸，用如此华丽的辞藻、如此动听的修辞，想干什么呢？一点都不着实地。

那只得再转换一种方式，完全摒弃学问，言说得非常质朴，非常憨厚，非常可靠，非常诚恳。那君王是不是就因此觉得此人可靠呢？仍然没有。君王也可能认为，这个人不善文辞，未做到文质彬彬，粗俗不堪，让人听不进去。于是再换一种方式，援引典故，效法圣王，结果君王说，这个人就会讲点故事，历史掌故谁不知道呢？这有什么意思?!

所以由此看来，言说方式虽多，但大臣要讨君王之好，使得君王纳谏，并不是那么轻而易举的事。本来已经遇上了语言本体的限制，言不尽意，再遭遇君王不信大臣，进言就更加困难了。这里的言说障碍，有两个方面：一是近乎韩非同时代的庄子所揭示的言说便是落了“言筌”，一切幽微精妙的思想，被语言一表达，就必定走样；二是臣下与君王两种特殊身份的人之间言说，陡增身份隔阂不说，不信任也是一道屏障。臣下即使尽己之忠，君王却总是将信将疑。于是理想的对话情景完全无法建立，理想的对话结果，自然也就无法期望。

所以韩非特别指出，君臣对话的悲剧结果，从轻微讲，进言大臣很可能名誉受到损害；从严重讲，惹怒君王，可能小命不保。比如，历史上三大贤人——伍子胥、孔仲尼、管夷吾，不是丢了性命，就是被囚禁围困。原因就在于游说者跟被游说者，大臣跟君王在对话时发生了严重的错位。不过韩非也极为明确地指出，三人被囚，不是他们不贤，而是君王不智。由此可见，韩非并不是一个崇尚君权、蔑视臣下的趋炎附势者。说者敏锐，听者必须明智，这样才不至于落个鸡同鸭讲的结果。这是韩非对进言对象提出的要求。这显示出韩非并不是单纯围绕君王谄媚，臣服于权力，曲意逢迎，而是对君王的品类也颇为注重的。

由此，韩非区分了两种情况，对人们理解君臣对话，特别具有启人心智的作用。一种是最理想的情况，即最聪明睿智的大臣去游说最英明神武的君王。也就是韩非说的“至智”与“至圣”之间的对话。比如，他举的商汤王与伊尹的例子，堪称典范。伊尹是至智之人，商汤王则是圣王，但即便如此，伊尹进言七十次，商汤王都不听，伊尹只好假扮厨子，去接近商汤王。商汤王才终于知道，伊尹确实是贤而可用之才。“至圣”被“至智”游说，这种最佳组合要达成一致都如此之难，遑论品类相对低下的君臣。

所以另一种情况，就是说者睿智而听者愚钝。游说的结果是，轻者话不投机，言者败兴而归，听者索然无味；重者就非常悲壮了。韩非举例，文王游说商纣王，结果商纣王把他囚禁起来。不仅如此，商纣王还挖了忠臣比干的心，把鬼侯做成干肉，把梅伯剁成了肉酱。这类例子非常多，又如孙膑被削掉膝盖骨。这些血淋淋的例子表明，一般大臣要真正有效地去游说君王是非常困难的。世间忠良虽然有治国之才，遇上昏君的时候却被残害。这是多么让人无奈的局面，却是政治史上的一般情况。

一旦遇上昏君，忠臣不仅不能得到有效任用，还会受尽屈辱，甚至会冤枉而死。所以历史常使我们惊叹，做一个贤良之士、仁义之士，太不容易了。

如何避免这样的悲剧呢？大臣进言君王，首先一定要对进言处境了然于心，对于游说的难度要清楚明白。进言的最大风险是忠言逆耳，即要清楚忠言容易使君王反感。这是由语言本身“至言忤于耳而倒于心，非贤圣莫能听”这个特点所决定的。

向君王进言，需要判断君王是否真正能够听得进建议，他是否是一个愿意兼听的明君、圣君。可以说，游说者与游说对象、语言和语言技巧这一系列因素决定了在政治上进言，一定要清楚语言和语言的沟通、言说与言说对象的一致，以求在政治忠诚、政治谋划与政治决断、计谋采纳之间，有一个非常好的过渡桥梁，才能够保证君臣同心、其利断金。

韩非此说，在今天也深具启发。想想我们周遭，一言不合反目成仇的事情不胜枚举。这还不过是日常生活中的经验。试想，君臣之间受权位、身份之隔，臣下的进言之戒慎戒惧、小心翼翼，达到何等紧张的程度。

第四讲
严守君臣界限

爱臣太亲，必危其身；人臣太贵，必易主位；主妾无等，必危嫡子；兄弟不服，必危社稷。

是故明君之蓄其臣也，尽之以法，质之以备。故不赦死，不宥刑；赦死宥刑，是谓威淫，社稷将危，国家偏威。是故大臣之禄虽大，不得藉威城市；党与虽众，不得臣士卒。

——《爱臣》

“爱臣”，看起来容易让人以为讲的是宠爱臣下的办法，其实不然。相反，它讲的恰恰是为了防备过分宠爱臣下而造成臣下对君威的威胁甚至颠覆的方法。

一、为什么君臣大防如此重要？

《爱臣》一篇被很多人解读为韩非在替君王出主意，怎么样去保证君主专制而防止臣下夺位、篡权。这个解读也不无道理。其实在一个现代机构里，下级如果想要成长、发展，实现人往高处走的目的，也必须要尝试越过自己的直接上级，才能有更大的空间。上级当然不会束手，被下级轻轻松松越级进阶，上级当然要约束下级。古今的差别不过是，现代制度能够保证上下级这种关系规范运转，不至于反目成仇后伤及性命。但在古代社会，是没有办法很好地对上级和下级之间的竞争加以规范的，更不用说规范君臣之间的关系。君掌国权，臣执行君主的意志，这是不能突破的君臣大防。如果君臣大防，即君臣之间重要的、原则性的界限都保证不了，那么可以说在古代社会总体上的非制度化情况下，国家必然会大乱，政权绝对不稳定，社会势必大动荡。怎么样使君臣秩序有所保证，确实就是春秋战国时期中国政治的一大严峻问题。

儒家创始人孔子对此忧心如焚，他最遗憾、最烦心、最讨厌的事情就是天下无道。所谓天下无道，就是天下政治昏乱、没有秩序。这是一种什么样的状态呢？简单地说，就是以往礼乐征伐的政令，都由天子发出，一旦政治昏乱，就变成诸侯王发号施令了，即“挟天子以令诸侯”。诸侯把天子当玩物，借助他的声名、权威、既有的认同符号，围绕自己的利益，展开跟其他诸侯的“合纵连横”战争。更为糟糕的是，何止诸侯王要挟天子以号令其他诸侯，大夫也发号施令，大夫的幕僚、家臣也发号施令。所以孔子讲，天下政治清明的时候，礼乐征伐的政令都由天子发出，因此政治秩序井然，国运长久；如果诸侯王发号施令，这个政权能够传到十代人便很罕见了；如果是大夫发布命令，能传五代就很罕见了；如果连大夫的家臣都号令天下了，那就很少有能够传到三代人的。这也就是我们今天熟悉的那句话，“富不过三代”。天下失序之后，就不可能有一个绵延长久的制度安排。

在韩非所生活的战国中后期，礼乐征伐自诸侯出、自大夫出、自陪臣出的状况，相对于孔子所在的春秋时代，可以说有过之而无不及。

因此，韩非要向君王有效进言，首先就必须处理稳定权力秩序的问题。在今天看来，韩非给出的君王泰山压顶式的收拾旧山河的方案，似乎有点令人讨厌。为什么呢？它与民主、法治等现代价值理念、现代制度这类有助于权力有序更替的信念相去太远，甚至背道而行。但是不要忘了，韩非身处中国古代制度草创阶段的战国中后期，是在一个天下由“有道”变为“无道”，也就是天下的政治秩序由井然有序变得混乱无比的时期，在这样一种特殊情形下，恢复政治秩序岂不就是重建政治秩序的头等大事吗？这一秩序，或由古希腊那种民主制度供给，或由君王个人操控。韩非所选，正是后者。

政治总是具体时空条件下的政治。我们不能以道德必须优先于政治的单纯和可爱的眼光来观察权力秩序的重建问题。权力秩序的重建可以靠威势、靠身段、靠名位、靠出身，这类进路，大致是不值得赞扬的。但是，在最低限度的权力秩序都得不到保证的时候，也许恢复一种不值得期待却现实可行的秩序，比没有秩序还是要好一些。这不是我们一般说的比烂的逻辑，而是保证一个权力秩序的基本起点和基本状态，以此出发，才可以期望去建构更为优良的秩序。

从这个意义上来讲，韩非从君臣大防的角度考虑怎么样有序建构权力秩序，其实是直面战国后期的政治实际的结果。以此切入，可助人们了解如何解决战国时代天下无道这样一种现实权力失序的危机。这样的解决进路是不是值得期待，是一个面向事实之后的评价问题。

韩非当时身处一个他所谓的“当今争于气力”的局面，在权力与利益面前，试图夺权的人对掌权的人发出赤裸裸的挑战，只要实力足够强大，权力易手则轻而易举。这个时代的问题，不是面对权力客不客气的问题，而是面对权力如何聚集实力以便夺权的问题。因此，在这样的处境中，人们需要思考的问题是，怎么样以“争于气力”的方式，以强者的姿态替代弱者。倘若一个君主不具有控制臣下的实力，他又怎么能够控制好国家大权呢？

二、如何建立君臣大防？

君王如何才能牢牢地掌握住权力呢？韩非强调，已经掌握权力的君主，为了维持既定秩序，首要在于建立君臣大防。在韩非看来，这样的建构，需要先行弄清楚一个事实，即无论在哪一个国家，君王太过宠爱臣下，都必遭杀身之祸；哪一个臣下被君王宠爱以至于太过尊贵，就必然要去篡夺君主之位；而如果妻妾生的孩子在地位上没有差别，那么嫡长子继承制就会陷入危机，权威的交接就必然陷于混乱；如果兄弟不服、不和，政治权威就得不到尊重，既定的权力安排就会受到颠覆。所以，观察战国中晚期局势，韩非特别向君王们强调：如果中等国家，也就是“千乘之国”——拥有千辆战车国家的君王，没有储备好足够保护自己权力的资源与手段，那么“百乘之家”就会站在旁边，让民众听从于他而推翻千乘之国。

至于更大规模国家的君主，也就是“万乘之国”，如果没有很好防备的话，那么被分封的“千乘之国”就会站在他的旁边，夺走威势，让国家倾覆。这样的奸臣如果得以繁衍滋长，获得发挥奸诈之术的空间，君主权势肯定会衰亡。

可见，君主握权，事关成败。君主成败的分水岭在哪里呢？韩非一再向我们强调，诸侯本身太过强大，就是天子的灾难。这确实符合历史事实。春秋开始，一些诸侯总是挟天子以号令其他诸侯，这岂不是周天子的灾难？大臣们毫不顾忌地积累财富，悄悄地化公为私，君主败亡的迹象就逐渐显露出来。因为君王自己眼睁睁地丧失自己手中那些能够统治国家的财政资源，他就没有办法通过财税手段让臣民听从调遣。在韩非看来，如果君王的将相们太善于经营，那么人主就会受到排斥，遭人疏远，势必丧失威势，最终大权旁落。这样的观察，完全符合春秋以降的政治局面。到战国中后期，君主被臣下夺权、废黜、残害的事例不断浮现。

可见乱世之君的握权之道极为重要。君主怎样才能够保证自己对大臣的支配权呢？太刚或太柔恐怕都达不到目的——这也是古今君对臣这一秩序关系建构的一大难题。在韩非看来，君主抓住四大要领对其牢固握权是非常关键的。

第一，君主的出身。今天的说法是王室血统。王室血统通常都是受人敬仰的，例如，今天的英国王室，虽然丑闻不断，但每次只要稍做改善，民众对英王室的崇敬之情就会溢于言表。这种崇敬之情，完全是因为出身高贵，让人心服。因为出身是求不来的，别人也不可能给得了。君主若不知珍贵，自降身段，就是自取其辱。

第二，君主的位置。这个位置是至尊之位，君主绝对不能把自己放到跟其他人完全同等的地位。领袖位置是不能够被轻易撼动的。

第三，君主的威严。如果君主对大臣没有建立起威严，怎么去使用、支配大臣呢？说到底，这种使用、支配关系就是一种权势关系。当然，领导可能不一定具有贤德，能力不一定超过下级，因为获得权位有必然性，也有偶然性。掌权的情况就更是如此，但这更加凸显了君主威严的重要性。

第四，君主的威势。君主怎样才能使自己的位置真正能够获得保证呢？在韩非看来，关键是要握有大势、趋势、威势，这样的盛大权势让臣下不得不服，无望挑战。这是一种时时处处都得保持住的君主对臣下的优势，一旦臣下在某时某事上掌握了优势，君王之位就堪忧了。

在韩非看来，上述四者，都涉及君王维护权力的枢机。如果君主掌握不住这四个要领，就会大权旁落，维持不住君位。

这是有历史可证的。比如，商纣王的败亡、东周王权的卑下，都是因为诸侯掌握的资源过多。韩、赵、魏三家分晋，齐王权力被篡夺，也都是因为大臣太过富足。韩非用了一个非常重要的概念来说明这一点，叫“皆以类也”。这是韩非在政治论述上非常重要的、类似于逻辑分类的一个发明。归纳于这一类的情况——天下失序、王权倾覆、国家覆亡，都是因为君臣权力关系、财富积累关系没有处理好。

如果跳出具体的历史情景，试图对君主控制住大臣的政治行动提炼出一个一般原理，韩非是否有一个简明扼要的概观呢？

三、八字箴言

韩非讲，君主掌权之要，可以画龙点睛地用几个字凸显。真正圣明的君主、真正聪明睿智的君王，他一定得明白八字要领——“尽之以法，质之以备”。

“尽之以法”，就是要依照法律来处以极刑。“质之以备”，就是要以大臣的亲戚、夫人等做人质，来防备他们叛乱。

在今天看来，这些话讲得相当难听。但在韩非当时，一个试图巩固权力的君王，这样做可能是必需的。韩非认为，如果一个君王完全赦免死罪，让刑罚很宽松，那么他就没有威严，社稷也就很危险了。君王必须使大臣服服帖帖，必须保证管住大臣，不论他权位多重，也不能让他支配他掌管的或者分封的那个地方；即使朋友、圈子中人再多，他也不能够拥有军队。只有在臣子忠心耿耿为国家、全心全意为君王且没有私心的情况下，只有军队的统帅或将领和君王完全没有私人交情，只服从于君王军令的情况下，也只有在君王自己能够保证国库的支付不受卿大夫之家操权，换言之，国家的一切物质命脉都由自己亲自掌握而不被诸侯控制的情况下，才能禁止奸邪，才能握住大权，才能保住社稷。

在君主权力与臣下夺权的相斥性这个意义上，君王一定要掌握并限制卿大夫的生活、权力，掌握能够有效控制他们的权柄，抑制他们财富的过分增长，约束他们的交际圈子，完完全全让威势掌握在自己手里。为保住君主优势，君主必须对臣下的一切象征权势的东西加以限制，诸如臣下乘马车不能配备太多马匹，也不能够直接佩带利器等，只要违反了其中一点，就可以杀无赦。这听上去确实有点杀气腾腾，甚至有阴森森、血淋淋的感觉。但这其实也在强调，聪明睿智之君是能够以这类严刑峻法来治理天下的君王。

第五讲
为君之道

人主之道，静退以为宝。不自操事而知拙与巧，不自计虑而知福与咎。是以不言而善应，不约而善增。言已应则执其契，事已增则操其符。符契之所合，赏罚之所生也。

——《主道》

人主之所以身危国亡者，大臣太贵，左右太威也。所谓贵者，无法而擅行，操国柄而便私者也。所谓威者，擅权势而轻重者也。此二者，不可不察也。

——《人主》

《主道》，可以同论述宗旨与其完全一样的第五十二篇《人主》合并阅读，这两篇要讨论的问题都是君主之道。一般人把这两篇解释为韩非受到道家的影响，以解释老子，并进一步发挥，而把“道”降低到了“术”的层次，也就是把君主之道理解为君主的权术。这可能削弱了韩非这一讨论的意义。

《主道》也好，《人主》也好，实际上是要谈君臣相处的根本道理，因而它不是一般意义上的君主把握权力的权术。面对一个君主，人们往往会为他的权力所惑，以为无论采取什么样的手段，只要有利于掌权这一目的，一切都是合理的。其实这种对君主之道的理解是有偏差的。相对准确的理解应该是，强调为君的根本道理，首先就是君主要把自己定位在一个适当的位置上。韩非不是没有指出怎样才能成为一个好的君主，他特别强调贤主、明君的重要性。

一、君主的定位

所谓“贤主”，保底地说不是昏聩的君主；正面地看，则是明白道理、讲究事理、善于用权，而追求比较宏大政治目标的、有作为的君主。所谓“明君”，就是能够聪明睿智地判断是非，而不为私利所惑、不为权位所迷的君主，他们能够明白“兼听则明，偏信则暗”这些基本道理。所以，韩非在《主道》和《人主》里讲的君主之道，实际上对君主有一个很高的定位。想想也是如此，假如不是一个有为之君，他何必追求君主之道呢？

假如只需要掌握权力，那么采取极为粗暴的办法来对付所有显在和潜在的、有野心的大臣，不就行了吗？比如，众所周知的夏桀王、商纣王、周幽王这些历史上的暴君，他们也是可以长期维持掌权地位的。事实上，韩非在陈述中，对这些暴君是采取拒斥态度的，暴君是被当作政治史上的反面人物和反面教训来讲给君主们听的。

这样一个定位，其实意味着对君王是有要求，而不是无限放纵的。在这样的一个大前提下，韩非设计一个君王掌权的基本模式或大致谋略，才显得有效，才会对君主掌权、君臣合作和秦王横扫六国、一统天下发挥积极的作用。如果对一个心中无术、胸无大志、懒于作为的君主讲这些话，那就毫无意义了。可见，将韩非简单归于为君主专制辩护的思想家行列，是缺乏根据的。

对韩非这样的大才，韩王就没有慧眼。韩王不是有很高政治追求的君主，他辨识不了韩非切中时代的政治高见，所以才不接受韩非的建议和进言。可以说韩非作为一个至智之人，遇到了昏聩无能的君主。而他向秦王进言并获得赏识，则可说是一个聪明睿智之臣和一个大有作为之君之间的震撼碰撞，一碰即擦出耀眼的火花——为中国重归一统奠定了观念与行动内在合一的根基。

二、何为明君之道？

那么韩非究竟是怎样劝说君主把握住明君之道、人主之威的呢？

明君之道、人主之威，都是君王之道，但侧重点不同。前者主要讲君主怎样以静制动，把握住大臣，使用好大臣，以求君主发挥掌控全局的作用，大臣发挥各司其职的作用，相互配合无间，国力就会蕴积得非常深厚，一旦施展开来，就会所向披靡。后者讲的是，作为君王必定要有自己的威势，如果一个君王保不住威势，指挥大臣，大臣不听从、不作为，就会像虎豹掉了爪牙一样，完全没有能力去部署国家发展的大局，完全没有能力去调遣臣民及蕴蓄深厚的力量，以致君臣各自丧失了自己的职能，无法进入一种举国上下同心、同仇敌忾、势不可当的状态。

先看明君之道。韩非特别强调，君主一定要有去芜存菁、直抵根本的能力，不要为具体的事务所逼，陷入无穷无尽的杂事之中，遮蔽锐利的眼光，降低判断力。对一个掌握国家重器的最高领袖来讲，一定要明白，掌握国家的根本与认知万物存在的根本是一样的道理；把万物存在的根本道理作为衡量是非的基本准绳，那么也就需要把掌握国家根本作为治国理政的首要原则。需要注意的是，这个说法就把君王恣意妄为的可能性完全禁绝了。不是有君王之位，就可以完全无须了解万事万物运作的根本道理，就可以不管是非曲直，想怎样就怎样。如果这样随心所欲，君王必定会丧权、灭国。

君王怎样去依照把握万事万物的道理来掌握衡量是非的准绳呢？在韩非看来，首先，这个英明的君主要能够充分掌握整治法度、辨析善恶、区分成败的各种明暗线索。这就要求君王不能随意动作，要守得住静，以静制动，以退为进。韩非这样的说法又好像掉进了君王权术的陷阱了，其实不能这么看。君王以静制动，以退为进，是为了更好地运用权力布局而调遣大臣，使其刚健有为，不偏于私心，不组织私门，这是符合事物常理的。这就是明君之道——以认知万物根本而奠立可靠的观念基础，以掌握权力要领确立治国理政的基本进路。

如果君王只是动用心术权谋，以小恩小惠施加大臣，在小错误上惩罚大臣，斤斤计较，以为这样就能控制住大臣，那就大错特错了。君主仅仅施展小的计谋，君臣之间就已颇有隔阂，表面上君主非常有作为，但实际上这些行为并没有切中事物的根本道理：以动是制不了动的，以静是寻求不了静的，动静相宜最为重要。在这个意义上，韩非特别强调，对于一个君主来讲，关键的问题是“去智而有明”，不要表面上显得自己聪明睿智，但实际上是暗昧的；“去贤而有功”，不去表现自己的贤能，但是很有功效；“去勇而有强”，不去表现自己的勇武，却显得更为强大。这样就会使得群臣恪守职责，百官做事符合规矩，人尽其用，各得其所，既可以说是顺应了万事万物之理的做法，也可以说抓住了治国理政的重要纲目。所以，君主善于用人，能力就无穷；赏善罚恶，就会得到极大的公允。只有这样，才可以被称为贤主，否则就是一个昏君。这就进一步显示，韩非绝对不是一个一味推崇君主专权的专制政治思想家。

在这个基础上，怎样考察君主、大臣行事是否适宜这件事情呢？一定要以“参合”来检验。“参合”就是前后对比，从总体上把握，不随意猜度，不随意以自己的私欲去控制臣下。只有这样，君主才能避免自己身边有“老虎”出现，有奸贼产生。如果一个君主，不能很好地“兼听则明”，不能很好地“循名责实”，尤其不能很好地“审验法式”，让“擅为者诛”，让“慎刑者奖”，就会面临“老虎”和奸臣的挑衅。韩非此说，长期被解读为韩非哲学的认识论主张。按照今日西方化的哲学知识体系来看，也是成立的。但韩非所指，肯定是政治活动如何确当的检验标准，因此，更为准确的讲法是，他确立了极为重要的政治认识论准则。只有在这个维度，才能准确理解验证相合、“循名责实”、“审验法式”这类命题的真正指向和实质意义。借此，也才能凸显韩非认识论的政治实践指向。

三、明主之道如何落实？

韩非强调，大臣进言时，君主一定要避免五种障碍，如此才能为明主之道的落实开辟道路。

第一，让臣下蒙蔽自己，以致丧失了君主之位。第二，被群臣控制财利，自己反而手里紧张。第三，由群臣擅自发号施令，自身权威得不到贯彻。第四，放任群臣行义，而自己失去行义之名。最关键是第五，任由群臣扶植人才，而自己无人可用。

简言之，在君主与臣下几乎易位的时候，君主既失位、失德，又失制、失效；既没有办法制衡大臣，又失明、失治。此时的君王，不仅没能够发现统治国家最为重要的举措，而且变成孤家寡人了：君主失党，完全没人跟随了。所以，韩非特别强调，一个君王一定要把“静退”作为最重要的统治法宝。“静退”就是指虚静、退让。君王并不需要表现自己的聪明睿智，并不需要事事作为，这样才能把握住赏善罚恶这一关键环节。

按韩非的说法，“故明主之畜臣，臣不得越官而有功，不得陈言而不当”。君主要做到：使大臣不能随时随地谋取官位，并为之而犯上作乱；不能随时随地陈述自己的言论却抓不住要领，因此信口开河、胡言乱语。君主必须使臣下恪守职分、谨慎言语，使其功当其事，言当其行。明君以此来行赏，这样的赏赐就像及时雨一样，让臣下有一种久旱逢甘霖的舒爽感。这中间自然有严格等级的意味，但从行政的角度看，未尝没有按照科层各司其职的分工理念。这对已经彻底打乱职分的战国后期行政状态而言，确实还是有对症下药之效的。

一个明君如何能够做到这一点，凭什么能如其所愿呢？《人主》这一篇强调，对于人主来说，把握君主之道不是一个可以随随便便对付的问题。因为它对君主而言，是涉及身危国亡的严峻问题。也就是说，如果一个国家的君王，一旦对自己操弄国柄掉以轻心，自己可能就会被大臣杀掉，国家就可能灭亡；因此必须以战战兢兢、如履薄冰的高超政治控制技艺，才能保住君主之位，维护社稷安稳。

韩非特别强调的“人主之威”就此具有特殊意义：君主要把握住尊贵，把握住危局，就千万不能让大臣无视法律，不让大臣掌握权势，而应自己一人牢牢掌握法律和权势。如此，君主就是有威势者。以这样的威势，才能够整治天下、整治大臣，才能让群臣努力而为。所以韩非说：“威势者，人主之筋力也。”威势对君主而言，就像虎豹一样，有爪牙即是百兽之王；无爪牙，随便就能被人制衡，变成人们的工具甚或是盘中大餐。在古代社会权力来源不受限制的情况下，若要维持既定的政治秩序，不至于陷入国家混乱或者天下混乱的局面，就一定要了解成功捍卫威势的极端重要性。君王没有威势或把握不住威势，基本上就无力统治国家了。

在韩非看来，君王要把握住威势，一方面，如前所述，必须抓住认识与实践的根本；另一方面必须重视维护威势的首要举措。就后者来讲，最重要的就是远离宠臣。因为君臣关系太亲近，就会带来严重的负面影响。君主如何当一个有见解、能够把握权威的人呢？按韩非所力陈之说，就是君主必须信靠他们这类法术之士。不过悖谬的是，在法术之士给君王进言时，君王也许觉得有道理，但君主为了能够保证法术之士的进言之可靠，转而又跟亲近的大臣们讨论，而与大臣的亲疏关系会影响君王的判断：君王本来认为一个法术之士是可用之人，大臣则根据对自己有利与否的利害判断来左右君主的看法，作为可用之人的法术之士就可能遭到疏远。在韩非看来，这正是战国后期有为君主面对的一个用人难题：一方面很难疏远长期打交道的权臣、近臣，行使权力的时候受君臣亲近的感情左右；另一方面，君主明知法术之士才能抓住国事根本，但与他们打交道很少，感情上与他们明显疏远。在理智与感情的拉锯战中，君主常常用人不当、进退失据。

韩非本人后来恰恰就是遭到他所批评的亲信大臣李斯进谗言，而付出了生命的代价，可见韩非是有先见之明的。当然，这不意味着韩非早就预见自己以后会有这样的悲剧结局。韩非特别强调，从历史来看，事实上君王们常常不信有见识之臣或法术之士的言论，所以才有夏桀王砍掉关龙逄的四肢，才有商纣王把比干的心给掏出来，才有伍子胥被施以重罚。这些是历史上忠臣被昏君残害的典型案例。可见，臣下尽职尽责，是多么不容易；而君主明辨忠奸，又是多么的困难。在韩非看来，这三人都是非常尽忠的人臣，他们尚且遭遇如此命运，法术之士跟君王远没有这样的亲近关系，更容易受到疏远、冷落与拒斥。而那些有“私门”，也就是依据私人利益而建立起一个圈子的近臣，让君主陷入偏听偏信的状态是轻而易举的事情。这样必定会阻碍君主的明智判断，对君主而言肯定是非常危险的事情。

因此，落实君主之道的权力前提，是掌握住君主无条件必须掌握的威势：一是明晓事物的根本道理，弄懂政治行为法则；二是分辨忠奸、固化权力。二者并重，才能够真正保证君王不至于大权旁落，才能够为实现霸业奠定坚实的基础。这可以说是韩非认知与实践并重的权力哲学最为重视的一个首要原则。仅仅看重权力背后的德性基础的儒家，很难明察权力自身的重要性；仅仅仰仗集聚权势的早期法家，也很难凸显权力背后的认知基础。韩非可以说兼综二者，对君王确实具有耳提面命之效。

第六讲

立国之本在奉公法、废私术

国无常强，无常弱。奉法者强则国强，奉法者弱则国弱。

故当今之时，能去私曲就公法者，民安而国治；能去私行行公法者，则兵强而敌弱。故审得失有法度之制者加以群臣之上，则主不可欺以诈伪；审得失有权衡之称者以听远事，则主不可欺以天下之轻重。

——《有度》

《韩非子》第六篇，叫《有度》，依然反映了韩非从君王治国之道来看待国家兴亡这一基本的宗旨。但与此前注重君王控权的指向不同，这一篇主要讨论的是立国之本究竟为何的问题：公高于私、大公无私、以公废私，才能让国家长久屹立。如今，这样的治国理政原则，已经成为中国不言自明的首要信条。在治国的种种事务中，公私关系的结构似乎已经固若金汤。在现代处境中，这是可以讨论的问题。不过在韩非所处的时代，这种公私关系的处置原则，却是一个国家走出战乱、重归一统必须确立起来的基本原则。

春秋战国的历史，让韩非深刻地感受到国无常强，亦无常弱。这是一种非常透彻的历史哲学的觉悟。在春秋五霸、战国七雄此消彼长的过程中，像韩非这样具有洞察力的人，一定会痛彻地思考，国家的长治久安之道，其寄托究竟在哪里。

从现代的角度看，我们可以很简单地回答这个问题：依照法治原则来治理国家，就可以很好地解决国家长盛不衰的问题。不过，我们不能以这样的现代法治观去要求韩非。在韩非那里，现代法治的观念没有可能出现。但可以说，在韩非的头脑里，古典法制观念已经扎下根来了。

韩非强调，对一个国家来讲，“奉法者强则国强，奉法者弱则国弱”。唯有崇奉法律，国家才能强盛；倘若不愿崇奉法律，国势一定衰微。对这一相斥性极强的断定，今天的人们一定有些不以为然。原因在于，现代国家的治理乃是动员种种社会资源的综合治理事务，而不是单纯动用法律资源就可以实现国强民富、国泰民安的目标的。但在韩非时代，道术已经为天下裂，百家各执一端、往而不返，但也共同追求国家有效治理的目标。这样的精神氛围，让人执其一端而不顾其余。各家充分发挥一端之说，给统一王权的观念整合提供了条件。韩非时代，各执一端还在紧张地发展中，远不到整合诸家的时刻。因此，韩非势必像诸家一样，以一端之说凸显其鲜明特点，并以此打动愿意为之所动的君主，从而推行自己济世救弊的政治方案。韩非推出的一端，就是法制。这是不同于其他诸家的独特一端，他必须严词拒斥其他的诸端，才足以显现自己所刻意凸显的这一端所具有的奇效。因此，奉法强弱就与国家强弱直接关联起来。

韩非得出这样一个治国的基本原则，是考虑到战国时期诸侯败亡的根本原因。他举例说，楚庄王兼并国家二十六个，开辟疆域三千里，结果他一死，国家就灭亡了；齐桓公兼并国家三十个，也开辟疆土三千里，他一死，国家也亡了；燕襄王四处征战，但他一死，国家就可悲地亡了；魏安釐王也是如此，东征西讨，威风凛凛，但他一死，魏国也亡了。

为什么如此轻易就亡国？原因很简单，不奉国法，君主肆意作为，可收一时国家强大之效，但强势作为的君主一死，群臣便开始捣乱，这就不能维持国家的治理局面。于是，仅仅依靠一个强有力的君主，国家不仅不能保证长治久安，持续兴盛，而且因为这个不崇奉法律的强势君主在施政的时候全无规矩，他死后群臣有样学样，从而遗留下让国家进一步衰乱的祸根。

那该如何奉法？法从何来？韩非的回答很简单——奉法，关键就在于要能够区分公私。这可以说是韩非给出的奉法判准：基于公，则属奉法；基于私，必属乱法。

韩非致力于区分的公私界限，并不是今天所说的公共利益与私人利益。他说的是君王之天下的公，所以其实是私天下之公。但是这种极为特殊的公私区分，对于古代政治秩序的维护也是非常重要的。因为如果大臣以私心和私行来想问题办事情，就会去追求社会的赞誉，谋求自己的晋升之阶，其他臣下争相效仿，就没有人去为国家公务殚精竭虑。哪怕这个国家是君主的国家，但它毕竟是君主与臣下共同为之持存和强盛而努力的国家，而不是君臣各自为政的离散国家。

这中间一个关键的问题是，君臣异心不仅会让国家权力难以向心运转，而且会产生极为负面的示范效应：如果臣下因朋党而得到任用，那么民众就会依样画葫芦，一心钻营、投机交际，而对法表示蔑视。长此以往，大臣和官员就必定没有什么能力，国家事务就得不到有效处理，国家岂有不乱之理?!

“忠臣危死而不以其罪，则良臣伏矣；奸邪之臣安利不以其功，则奸臣进矣。此亡之本也。”韩非这一句话，可以说深痛于心，大多数有辉煌历史的诸侯王身上都存在这样的问题。忠臣没有什么罪反而死了，那么贤良的大臣还会努力作为吗？肯定不会，他们只会隐藏起来；奸臣没有什么功劳而各种利益却都聚集在其名下，他们受到任用岂不是负面示范？这样的国家焉有不亡之理?!可见，君主用人得当与否，乃是国家兴衰所系。一个君主必须慎思，到底应当如何有效辨别忠奸、使用忠臣。

只要一个君主不愿亡国，而愿意追求富国强兵，他就必须要让官员们、大臣们“务于厚国”——忠心耿耿为国家做事；“务于尊君”——忠心耿耿为君王打理政事。而且关键要“以官为事”，即尽职尽责，而不是以私利、私权、私心来办事情。就此而言，韩非强调必须要让贤良之臣出任官员，一心侍奉君王，而不产生二心。

在韩非看来，当时中国的政治伦理实际上有点颠倒。比如，人们认为的廉臣，乃是那些看不起爵禄、看不起爵位、看不起官位，飘然挂冠而去，选择新的主子投靠的人士；韩非认为这不叫“廉”。再如有人认为“忠”就是刻意违背君王的意愿强行进谏，韩非认为这实际上是诡诈之术，并不是“忠”的表现。又如有人认为“仁”就是施惠私利、收买民心、收买随从，韩非认为这也不能叫“仁”。还有人认为隐居起来，以此抗拒君主的召唤、拒斥服务于政治权力，就叫“义”，韩非也不以为然。更为严重的是，大臣威胁君王说：“你要对外交往，没有我你是做不到的；你要解除跟其他国家的怨恨，也非我不成。”而君王居然还听从了，委之以国务，结果使自己缺乏政治权威和影响力，这其实也是相当不智的。在韩非看来，这五种颠倒，都是乱世之说，都是会让世道陷入危机的，因而要把这些扭转过来。这明显是针对儒家政治伦理所发出的警告。儒家政治伦理的阐释，自然有其理想主义的正当意涵，但也有不少心怀叵测之人，利用儒家倡导的仁义忠信作为自己谋求权位的工具，这就将政治伦理手段化了。韩非痛斥的是后者，因此应被认读为他拒斥的是陋儒的伦理工具化做派。

可以说，韩非只是隐隐有点批评儒家的味道，他并没有点儒家之名；同时也有点隐隐地针对道家的隐士做派，但是也没有点道家之名。这一方面与他所处时代的诸家，主要是思想家的各自陈说有关。“九流十家”成家成派较少，大致按孟子所说，“不归杨则归墨”。另一方面则与韩非主要区分的派别是法术之士与非法术之士有关。哪怕后来被人认作是韩非思想先驱的商鞅、慎到与申不害，韩非也是照批不误，何况其他各家的代表人物呢？

驳斥非法术之士的政治伦理的看法，自然是为韩非阐发自己的主张清场。如果治国要领不在人所共知的仁义忠廉诸端，那么他所主张的公私之分的重要性就不言而喻了。在韩非看来，奉公法、废私术，是治理国家最关键的事务。

公私观念之分已如前述，但更为重要的是分清公私之行。怎样才能让人臣真正地忠于君王，而没有私心呢？韩非认为关键就是用法任势。所谓“任势”，就是因势利导，善于利用优势，发现趋势，塑造大势。只有这样，一个君王才能够真正做到按照法律治理国家，满朝大臣不敢越权而为。

任势，需要把握住两种相反的情形。对君王而言，必须“独制四海之内，聪智不得用其诈，险躁不得关其佞，奸邪无所依”。只要君主独自一人控制辖内大权，那些可能危害君主权力的诡诈之术、佞巧之言、奸邪之行，就无从作恶了。相反的情况是，大臣侵夺君王的权力，如果出现这种局面，国家肯定会陷入危殆。韩非在此着力提醒君王，大臣侵夺君王的权力其实是渐渐积累的，有时候根本不会让人觉察到，但这些权臣一旦出手，君王就可能付出社稷或者性命的代价。

这明显有维护君主绝对权威的意味。但是如果我们不从政治上，也就是从君主权力来源的正当性上追究问题，而从行政上来看这个问题，韩非所论便有其道理。确实，如果一个高层领导没有行事的权威而为下属所制，那么就会导致决策权威和执行权威的严重流失，让在上者徒有虚名。而这恰恰是春秋战国时期的普遍状况，一些诸侯挟天子以令其他诸侯，此时的天子，哪还有天子之威、天子之尊。所以在韩非看来，为了免除这样一个危险，一定要善于独制天下。君主独制天下，不是随兴所至、肆意妄为，而是按照一定规则的法律来治理天下。而实行法治最重要的准则，是“法不阿贵，绳不挠曲”。

“法不阿贵”，核心在于“刑过不避大臣，赏善不遗匹夫”，即不因为是大臣，就不施刑罚；不因为是匹夫，就不奖赏其善行。这是一种古代社会法制原则的平等精神的体现，其与儒家倡导的“刑不上大夫，礼不下庶人”颇为不同。它与韩非倡导的耕战、军功爵理念是吻合的。这样，整个国家有望形成治国的共识，那就是“一民之轨，莫如法。厉官威名，退淫殆，止诈伪，莫如刑”，即靠刑罚来让官员作为，让淫邪消退，制止奸诈虚伪。听起来，这似乎有些过于重视法律或刑罚的国家治理效用。所以，以吏为师、以法为教的法家主张，之所以为韩非所强调的理由在此凸显出来。

如果出现相反的情况，君主舍弃法律，而靠自己的私人愿望、个人想法、一时喜好做出决断，那么结果就是尊卑不分、尊卑相侵，有野心的大臣岂有不篡夺这样一个昏君的权力的意图呢？一旦大臣有篡权的意图，君不成其为君，臣不成其为臣，天下秩序怎么可能得到保障呢？

如果从政治、行政的视角上做一个区分，可以对韩非的上述说法有一个更合乎历史情境的准确理解。从政治分权以实行法治的角度看，韩非之论的缺陷毋庸讳饰；但从行政执行的有效性上看，韩非所强调的治国“有度”，确实还是有相当道理的。如果从战国后期恢复政治秩序的刻不容缓上来看，韩非的主张简直就有重症下猛药之效：要不治好病，要不送了命。所谓“主强而守要”，不过如此而已：进取而强势的君主，只要守持治国要领，国家强盛似乎不成问题。但君主过强如秦始皇，守要过甚如严刑峻法，便会落得个“万世之基业，二世而亡”的惊人反讽。

第七讲
治国之术中的刑德与职事

明主之所导制其臣者，二柄而已矣。二柄者，刑、德也。何谓刑德？曰：杀戮之谓刑，庆赏之谓德。为人臣者畏诛罚而利庆赏，故人主自用其刑德，则群臣畏其威而归其利矣。

……人主有二患：任贤，则臣将乘于贤以劫其君；妄举，则事沮不胜。故人主好贤，则群臣饰行以要君欲，则是群臣之情不效；群臣之情不效，则人主无以异其臣矣。

——《二柄》

韩非关于行政权力的使用、君王对大臣的控制，或者一般意义的上下级关系这个话题，前几讲说得已经比较充分了。

需要注意的是，理解韩非这些言论，不能够完全以现代民主法治的价值理念为坐标，否则，他的一些重要提醒就会受到忽视。当然，对他关于谋权、授权、掌权、握权的一系列议论，也应当从政治理性的角度去理解和把握。

《韩非子》第七篇《二柄》，是韩非论述掌权要领的重要作品。但不同于他对君主握权之道的论述，这里主要阐述的是君主如何使用刑罚和道德两种手段以维护权力、实现权威。这是一个关乎权力的技术层面的问题。

一、何为“刑”，何为“德”？

《二柄》这一篇是强调一个英明的君主要掌握权力、控制大臣，需要依靠两个最重要的手段：“刑”与“德”。人们一般以为这指的就是刑罚和道德，或广而言之，指的是惩罚手段与引导方式。

“刑”，从字面上来理解，就是用杀戮和严厉程度稍次的刑罚办法的治国方式。“德”并不是我们今天所认为的道德，韩非为之做了专门的规定，“庆赏之谓德”，君王赏赐大臣就叫作“德”。这其实是中国古代的一种传统说法。在中国古代早期阶段，“德”通“得”，有两层意思：一是“内得于心”，指的是道德修养上的心安理得；

二是“外得于人”，指的就是对外得到人们的支持，其实就有以物质笼络人心、获得外部认可这样一层含义。韩非这里所说的“德”，可以说是以后一层意思为主。

韩非的结论是很明确的，君主如果不能够掌握“刑”“德”二柄，治国就会出大问题。原因就是这两种治国手段直接关乎君主行使权力的效用或结果。将两者用得好，可收恩威并重之效；用得不好，自然是无恩于人而不获认同，无法威慑人而不受敬重。如此，君主岂能安坐君位？

君主试图以恩威二手驾驭臣下，还需要对臣下有一个分类和了解。否则两眼一抹黑，君主就不能驾驭大臣了。韩非把大臣区分为两种类型，这两种类型在行事上有重大的区别。他指出，在一般情况下，大臣或下级，都害怕刑罚而喜欢奖赏，所以君王可以用刑德让他们害怕和逐利，他们就能很好地被控制。但对奸臣的做法就不一样。奸臣会利用君王的刑威来惩罚自己讨厌的人，他喜欢的人也能够从君主那里得到利禄和奖赏。结果是奸臣掌握了刑罚和奖赏这两手，君王就被架空了。因此，君主的辨奸能力很重要，更为重要的就是要有掌控驾驭奸臣、激赏鼓励忠臣的有效手段。

所以，英明的君王一定要清楚，自己一旦被架空，就会被奸臣反制。而为了自己不被架空，“刑”“德”一手是自己制约臣下的利器、权柄和法宝。

韩非对春秋战国的相关事例非常熟悉，他信手拈来的案例，就足证君主握权不稳带给自己的灾难性后果。他举例讲，齐国著名的大臣田常，在行事过程中，从君王那里要来爵禄分施给群臣，借来粮食分给百姓。结果，田常权势熏天，最后齐简公就被杀掉了。而宋人子罕对宋王说：奖赏的事情都是民众所喜欢的，那就由君王你来施行；而杀戮、刑罚是民众所讨厌的，你不要承担这个恶名，由我来替你做。于是宋君就把刑罚的权力交给了子罕，结果子罕就有了胁迫宋君的手段。对此韩非感叹道，当今之世，如果人臣能够把“刑”“德”二柄都用起来，当世君王的处境，就比齐简公、宋君还更危险了，他们的国家不亡，那才叫咄咄怪事。

可见，对于君主而言，在君臣关系上，必须紧紧把握住刑罚的惩罚手段与奖赏的激励权柄，绝对禁止臣下对权力的觊觎之心；在君民关系上，必须绝对把握住赏罚大权，无论是奖励在民众眼里的“好事”，还是惩罚在民众眼里的“坏事”，都不能让旁人代劳，否则，人权旁落，悔之晚矣，最终国毁人亡。在此，韩非着力强调的是权力的政治性。凡是政治性的权力，必须由君主抓在手中，不能旁落。如果是行政性的权力，则可以分别授权，激发臣下努力作为，以显示君权的实际效能。

二、功当其事，事当其言

观察战国后期的政治事实，对于“刑”“德”二柄，一些君王能把握得住，而另一些君王却把握不住。这样的差异是因何出现的呢？

韩非认为，关键在于君王能不能“审合刑名”。所谓“审合刑名”，就是审查群臣的言论与他所做的事是否一致。君王使用大臣，可以根据他的意见交给他职事，然后以他完成的情况来评判是给他奖赏还是加以惩罚。韩非认为，奖赏和惩罚要看是否“功当其事，事当其言”，即完成的事情跟功劳大小计算要保持一致，而且大事不要小看，小事不要大讲，以防止大臣在君王面前抬举自己的作为。可以说，“审合刑名”是一个基本原则，即是一个用刑名法术校验臣下行动的原则。而“功当其事，事当其言”则是一种实际的政治行为方式，用以具体衡量臣下的事功与言行是否相当或两相一致。经此检验，如“功当其事，事当其言”，即奖赏与臣下所做事情一致，所做事情与他所说的没有不同，那就奖励臣下，否则就给予惩罚。

在韩非看来，这八个字的检验尺度是非常关键的。如果一个大臣夸夸其谈，把小功劳说得奇大无比，就必须惩罚，惩罚的不是他功劳小，而是他的夸夸其谈。如果一个大臣故意把一件大事说得很一般，反过来又将小事夸张得很严重；或者把一件事的功劳夸得非常大，让君王瞎高兴，让功不当其事，事不当其言，韩非便认定，都应该毫不客气地加以惩罚。因为在他看来，这就是君王失去判断、丧失权柄的重要标志。功不当其事，这比立了大功还隐藏着更严重的问题，因为，如果人人都这样，在君王面前都不诚实，君王就会受到蒙蔽，治国理政就会陷入混乱，国家就会处于覆亡的危险境地。

三、因事收官，官履其事

韩非认为，一个官员的职责一旦被确定，就应该谨守职责，而不能越职作为；即便是做好事，也不能随意越界。他举了一个例子说明这一点：韩昭侯一次喝醉后就睡着了，管理帽子的官员一看，觉得君王容易受寒，患上感冒，就给他盖了一件衣服。韩昭侯醒了之后就问："谁给我加了衣服？"侍从告诉他，是管帽子的官员。结果韩昭侯就把管帽子的官员和管衣服的官员一起惩罚了。道理很简单，管衣服的官员没有履行职务，管帽子的官员却越权履行了职务，这都不符合规矩，也就是都违背了韩非所强调的“因事收官，官履其事”原则。

韩非进一步分析，一个君王要真正掌握住“刑”“德”二柄，赏罚的原则一定要清楚。掌握好赏与罚，需要同时坚决避免两大祸患。一个祸患是君王任贤。这里所谓的任贤，不是任用贤臣，而是喜好贤臣之意。因为君王有好贤的名声，大臣便会假装贤能，让君王不得不用他。这就是我们熟悉的“上有所好，下必甚焉”。如果这样，君王还能用得到真正的贤臣吗？当然不能。这对所谓贤能政治的脱实向虚是一个很好的提点。在所谓贤能政治的氛围中，真正的贤才可能不多，假贤才之名寻进身之阶的伪君子可能遍地丛生。这不能不说点出了贤能政治的根本弊端。

另一个祸患，就是君王随自己的偏好来使用官员。由于大臣们认定君王会把一己偏好作为用人的标准，他们会把自己的偏好和本性隐藏起来，表现出与君王一样的偏好，以投其所好。虽然这是人之常情，即人们在交往中总是趋向于认同强势一方的偏好，以求交往过从，不至于成为陌生过客。但君主一旦以个人偏好用人，他就无法辨别究竟哪些臣下有真才实学，可以为他解决棘手的问题。这就等于将问题积压起来，长久下去，肯定会危及君主的统治。

这两种祸患都会造成君臣关系的严重扭曲：由于君王被假象迷惑，他很难明白真相，且以为臣下投其所好的表现就是自然而然的表现，结果真相必然陷入云遮雾障之中。人只有在理智非常清醒的时候，才能够准确判断哪些人是一心巴结和谄媚自己，或者是在利用自己的弱点以建立亲近关系。换到君主与大臣关系上，只有君主明察臣下的意图，才能防微杜渐，不让奸臣钻了空子。但在大多数情况下，人是被情感制约的，结果就使君王无从判断臣下的言辞与行动究竟是不是出于真情实感，一种以假对假的利用关系由此确立下来。在这种关系框架中，君主可能任用的就是平庸或奸佞之人，而才能卓越之士反得不到任用，国事得不到有效处理，国势也就必然衰微。

韩非也举了例子证明这一点。比如，越王喜好勇敢，民众就一副不怕死的样子；楚灵王爱细腰，于是楚国饿成细腰甚至饿死的人很多；齐桓公喜欢美味，易牙就把自己的儿子烹了进献。面对君主的偏好，臣下常常是献媚到毫无底线。韩非在此对权力诱致的君臣言行异化，做出了极为深刻的揭示。这是战国后期一般论政者不愿直面的问题，更不用说将其论政建立在直面这种人性的惨淡的基础上。从韩非那里可以看到，不从权力引导出来的言行的严重畸变入手，可能就根本无法理解什么是政治。只有直面这类畸变，才能想方设法堵住导致这类畸变出现的政治漏洞。

在君臣之间，君王讨厌什么，臣下就会隐匿自己的喜好，假装自己也讨厌什么；而君王喜好什么，臣下就假装有同样的偏好，让君主以为自己是爱人之所爱——这种政治假象，可以说是人主之心腹大患。但君王也是人，难免会受七情六欲的影响，所以韩非特别强调，君王一定要认识清楚他是在统治大臣、控制大臣、驾驭大臣；千万不要误会，大臣顺从自己是因为热爱自己，大臣完全是为了权、为了利而来。所以，一个好的君王，一定要掩饰自己的欲望，掩饰自己的形迹，掩饰自己的偏好，这样群臣才能以本来面目来面对君王，君王才能以“刑”“德”二柄，以功当其事来控制好、管理好大臣，以收治国理政的实效。从权力操作的实际过程来看，古今中外的国家首脑，恐怕都不得不听从韩非的观点：谄媚权力以篡夺权力的政治定式，触目惊心，亘古未变。

第八讲
如何高扬君权

事在四方，要在中央。圣人执要，四方来效。

……黄帝有言曰：“上下一日百战。”下匿其私，用试其上；上操度量，以割其下。故度量之立，主之宝也；党与之具，臣之宝也。臣之所不弑其君者，党与不具也。故上失扶寸，下得寻常……

——《扬权》

《韩非子》这本书的核心思想就是高扬君权，抑制大臣的擅权乱为。这样的思想当然与现代政治是有相当距离的。但在战国中晚期的乱世，恢复秩序是最为紧要的，而恢复秩序无外乎寄托于代表秩序的君王，使之能够处在秩序的核心位置之上。如果君主没有处在核心位置，也就是权力顶点之上，试图恢复政治秩序就非常困难。试图让中国古代政治也像古希腊那样以民主制度解决秩序问题，像古罗马那样以法治模式确立治理模式，是无视历史处境的强人所难。因为遍观古代世界，古希腊、古罗马是政治偶然的偶然，但因其与现代政治相通，所以被现代人认定是一种值得追求的理想政治模式。其实，古希腊的民主与现代民主具有天渊之别，古罗马的法治也非现代法治。一旦脱离了理想化古希腊、古罗马政治的偏执，那么就会看到在古代政治世界中，以统治者的专断来恢复秩序，才是普遍事实。看到这一点，自然就不会去责怪中国先秦的思想家们为什么没有设计出民主法治的政治机制。

循此线索，人们相应可以理解先秦诸家的君王中心观。即使是想恢复周礼的儒家，也就是将君王诱导到礼制的制度轨道上来的儒家，也对圣君寄予厚望。法家显得更为直接，以圣人之名，张扬君王之权。

《韩非子》第八篇，叫《扬权》，其宗旨当然是高扬君权。在这一篇中，韩非借助道家思想，对“扬权”的核心要领进行了比较周全的说明。

一、圣人执要，四方来效

韩非认定，事物各有其规律，但在具体事物之上，还有一个普遍一致的东西。对于这两者，君主都必须了然于心、成竹在胸。从政治的角度看，天人各有大命，即各有其基本规律，君王必须掌握这类基本规律。君王一定要清楚，只有“用一之道”，即以一致静，以静制动，才能够保证权力的唯一性、君主的唯一性。为此，君王一定要为大臣设立规矩。如果君王在权力面前非常迷惑，不知道抓权、握权，也不知道如何能够抓住和紧握权力，那么不仅会大权旁落，而且有性命之忧。韩非子特别引黄帝的说法来论证，君臣关系是上下关系，上下关系不是轻松愉快的合作关系，其实是“上下一日百战”的高度紧张关系。君王与臣下一天到晚都处于战争状态，这就把政治说得太让人惶恐、紧张和畏惧了。但如果真正理解何谓政治，人们就不得不承认，政治权力确实是你有我无的排斥性存在，一种温情共享权力的想象，实属幼稚、无知的产物。

落实到具体操权的过程中，君臣“一日百战”这话着实是不夸张的。首先，韩非强调，既然天和人都得按基本的规律来办事，因此就必须顺应非遵守不可的规则。譬如，人们必须明白，有些东西看起来很好，但过度占有和享用就会有害，因此必须坚韧地克制自己的欲望。比如，美色、美酒，享用过度，就必然会伤害身体。对于君王来说，权力是个好东西，但用权不当，就会为权力所伤。试图用权适当，君主就千万不要让权力过于暴露，让人们窥视到权力的隐秘。这样才能以无为的方式实现成事的目的，也就是人们熟知的“无为而无不为”。

很明显，韩非的这一主张受到了道家影响。韩非强调必须像道家明确指出的那样，准确抓住用权的要领，保证大权在握，如此才能稳稳地控制权力，并且游刃有余地处理好繁杂的政务，保证君主不至于陷入茫无头绪的诸般小事，不致被身在四方的臣下轻蔑地抛弃。韩非秉承道家的这一主张，被后人诟病。从现代的政治权力制度化分享的角度看，这样的诟病自有其理。但在政治制度草创之际，韩非这一主张，实际上准确抓住了行政管理的核心问题。试想，“事在四方，要在中央；圣人执要，四方来效”，有什么错误呢？琢磨其大意，不过是想让所有的事情都由四方臣民各自办理，但君主保留决断的权柄。唯有君主掌握了镇制四方的大权，统辖范围内的种种事务才能以纲举目张的状态得到有效处理；唯有君主洞察一切、明察秋毫，他才足以让统辖范围内的人们臣服。

这样的要求，中心意图是解决西周中央王权失落以后诸侯蜂起、相与征战的问题，是想恢复一个强有力的中央王权，以便重建从中央到地方的权力秩序，以及由此促成的社会秩序。也许，一种基于地方自治的中央管制模式，最值得令人期望。但处在战火纷飞的战国末年，人们一般是很难去从容设想西周那种分封制度的死而复归的。因为正是那种分封制度的崩溃，才生成了战国诸侯以战止战的局面，回到分封制度，岂不是回到造成战乱的体制机制中去了?! 今日人们痛诋韩非的以君主权威建构、恢复秩序的设想，是因为痛诋者没有设身处地理解韩非当时的处境，完全基于现代政治理想做出空幻想象。韩非处在“周秦之变”的紧要关头，认定其推动周秦之变——从封建制变为郡县制，从地方自治变为中央一统，从权力分散变为君主独裁——乃是不值得期待的惊人之变，绝对是一种事后诸葛亮的断言。这不是完全没道理，但与中国先秦历史变迁的实际情形却完全疏离。

君主掌握权力枢机，让权臣服从、四方敬仰，绝对是有要领、法则的。不是说有君主之位，便不费吹灰之力地拥有了这样的权威。如果一个君主只是执迷于权力，畏惧大权旁落，却不去掌握用权的要领，后果一定是非常糟糕的。

具有雄才大略的君主必须掌握的要领，也就是“要在中央”“圣人执要”，就是明确中央权力的极端重要性，自己牢固掌握住中央权力。但这是就事上所说的“要”的含义，就理上说的“要”，让韩非之论进入哲学层面，即提醒君王应当在把握这个“要”的“理”上下功夫。他借助道家哲学，来阐释理上如何“执要”：以雄才大略而臻于“圣人”境界的君主，必须明白，他需要以虚静无为的方法去统治国家，这样就能抓住纷繁复杂的权力背后、无比繁杂的事务之间隐隐约约却发挥巨大作用的深层道理。虚静无为，不是毫无作为，而是应根据事务本性自然而为，结果便产生让人喜出望外的统治效果：在哲学层面说，就是道家所说的“无为而无不为”；在政治层面上讲，就是四方都会前来归顺、效力。而且臣下会效法君主这个做法，做好自己的事情。虚静无为，就是以一种自然和人的基本的、共同的大道来执掌或行使权力，只有这样做事才符合事物本身的道理。上下皆无为，那么就各得其宜，各种才能的人都能发挥各自的功能，君王还会有什么可担忧的事情呢？

但是，假如一个君王以为自己了不起、能力强，下边的人就会欺骗这个颇为自负的君主，虚情假意地告诉他“你什么都能做到最好”。最后，君王会惊奇地发现“事在四方”，自己却什么事情也解决不了。这就是因为君主没有抓住做事的纲要，因此陷入茫无头绪的混乱之中，什么事也处理不好。所以，只有因循自然和明白人生的根本道理，虚静无为，才能实现“无为而无不为”，君王由此才能够把握好权力，治理好国家。如果上下的自然而然的功能被人为改变了，君主不发挥“执要”的作用，大臣也不发挥具体做事的功用，国家就非常难以治理了。

二、执一之道，循名责实

韩非强调，执一之道对治国理政来讲，是非常重要的。执一之道，是以名为首，循名责实，由此达到名正物定的目的，一切事情由此可以按它自身的道理运转起来。“执一以静，使名自命，令事自定”，只有这样，上下才有信任，国家事务才能得到很好的处置。君主把握住这样一个“执一以静”的核心原理，也就是把握住事物万端变化背后的不变的根本道理，让万事万物以自身的面目呈现出来，依循其自然而然之理得到处理，就等于牢牢地把握住了统治国家的根本要领。一个君主做到这些，就可以被称为圣人了。

可见，道家、儒家的影子在韩非的思想里一直晃来晃去，成为韩非思考治国理政的思想资源。“无为而无不为”是道家的影子，“圣人”这个概念可能是当时通用的，但确实是儒家刻意张扬的。韩非所说的“圣人”是道家类型的，而非儒家类型的。儒家类型的圣人是刚健有为、勇毅进取、博施济众的。韩非推崇的圣人，其相反相成的构成特点是“圣人之道，去智与巧，智巧不去，难以为常”，前八个字是从正面做出的论述：圣人不把故作聪明和机巧作为治国最重要的法宝，相反尽力将这两者当作治国必须去除的东西；后八个字是从反面做出的论述，强调的是不去除故作聪明与技巧，事物的常理就显示不出来，国家就得不到很好的治理。倘若一般民众故作聪明且故陈巧诈，国家就会遭殃；如果君王故作聪明与滥用机巧，国家就完全陷入危险境地了。在这里，韩非所重视的，正是君主如何准确把握住治国的根本道理的问题。所谓治国理政的纲举目张，就此呈现出来。

韩非循此强调，在国家的权力结构中，君王和大臣都要按照天之道来建立人之道，也就是君臣相处之道。一方面，上下必须各自依照天然道理恪尽职守，君主履行君主职责，臣下履行为臣之道；另一方面，君臣职分不能混淆，绝对不能共同执掌赏罚大权。如此分工合作，既保证君主有效掌握国家大权，又可驱使臣下为国尽力，让臣下真正服从君王，君王不至于被大臣操权。如此严整的分工机制，乃是虚静无为的自然之理在治国理政过程的表现。只要君臣都这么做了，哪还需要君臣各按主观认知盲目而为呢？

三、君臣上下一日百战

君王成功掌握虚静之道，凭的是什么呢？或者怎样才能达到虚静为一这个牢固掌握权力的目的呢？韩非认为，事情并不复杂，基本原则不过是"审名以定位，明分以辩类"，即审查臣下的言论以确定他们的官位；明确臣下的职守以分清他们所要做的事。君主在给臣下确定名位与分配职责的时候，不需要从细节上去劳心费力，只需要若无其事地听大臣们言说，而且不做任何主动引导，但不动声色地对臣下的言说与事功进行比较，就可以准确地敲定臣下的角色，明白不同大臣可以为自己成功地处理什么事务。这就是韩非所说的君主倾听臣下论证言辞的"听言之道"，也就是分辨臣下言说究竟是否能收到实效的根本要领。

假如一个君王面对大臣，始终以所谓的宽怀大度来容忍大臣们结党，那么君主的大权就会旁落，君主的权威就会不保；如果君王容忍庶子挑战嫡长子，那太子就不能很好地继位了，国家权力就很难有序传承。所以，君王一定要有园艺家一样的功夫，在臣下或者庶子显得枝繁叶茂的时候，剪除他们过于茂密的枝条，斩除他们结党营私的根脉，这样，君主的权力才有了保证，权力的传承才不会失序。从权力的自我固化与传承的历史来看，君王权力真正高于臣下权力，嫡长子继承权力的优先性绝对高于庶出皇子，确实是帝制建构在皇权掌控与传递上的必要条件。韩非提出的帝制皇权至上性要领，确实值得重视。简而言之，这个要领可以从上述的“执一以静”凸显出来。如交给君臣各自度量，帝制皇权的秩序就很难保证了。以哲学上的以道为一，建构起政治上的以君为一，并以此领导国家，让君主与臣下各归其位，政治权威和行政效率也就有了基本保障。

第九讲
识别奸佞

凡人臣之所道成奸者有八术：一曰同床，二曰在旁，三曰父兄，四曰养殃，五曰民萌，六曰流行，七曰威强，八曰四方。

……明主之为官职爵禄也，所以进贤材劝有功也。故曰：贤材者处厚禄，任大官；功大者有尊爵，受重赏。官贤者量其能，赋禄者称其功。是以贤者不诬能以事其主，有功者乐进其业，故事成功立。

——《八奸》

在《八奸》篇中，韩非想要教君王辨认八种奸诈之术的方法。他之所以如此重视君主辨识奸佞的种种方式，原因在于，要使君臣大防能够守住，前提条件是君王一定要英明、神武。英明，就是有辨奸之术；神武，就是有好的决策和致效办法。

“八奸”，其实也是君王最容易受到蛊惑、误导并遭受损害的八种情形。

一、何为八奸？

第一种情形，韩非命名为“同床”。所谓“同床”，就是与君王同床共枕的人对君主决策发挥的影响力。比如妻妾，是君王日常生活当中相处最频、情感最近、最容易迷惑他的人。

当君王心情很好，或者是酒足饭饱、感到人生快意之时，这些人就会一起来索要她们想要的东西。这种情形也许对君王的权威影响还不至于那么负面，但一旦大臣去贿赂这些人，打动她们的心思，让她们以亲情迷惑君王，后果就严重了。这是“八奸”最重要的一奸：借最亲近的人来影响君王的决策。今日人们熟悉的“吹枕边风”，就是这一奸佞现象的形象表达。

第二种情形，叫“在旁”，就是君王身旁的人整蛊作怪。这些身旁人有两种类型，一种是逗君王开心的，比如，俳优侏儒；另一种就是君王的随从亲信。这两种人也是大臣很想交好的人，因为他们特别善于揣摩君王的心思，可以众口一词、步调一致去左右君王的想法，所以大臣们常常用宝物来贿赂他们，而且在宫外替他们做一些违法的事情。这些“在旁”就会慢慢改变君王的想法与决断，让君王处于聋瞽的状态——既然看不清听不明，君主怎么能做出英明果断的决定呢？

第三种情形，是“父兄”，指的是王室里庶出的公子对君王发生的不当影响。所谓“皇帝爱长子，百姓爱幺儿”，我们中国人一般认为君民对小孩的爱有重大差别，但其实，“皇帝爱长子”，不过是因为嫡长子在继承大位上的排序优先性，也就是政治安排的优先性所注定的情形而已。但从实际情感上讲，君主不见得就一定喜欢嫡长子。君王宠爱一位妃子，就有可能进而宠爱妃子所生的公子。朝臣见此情形，就会竭尽心力去巴结受宠的公子，或用美色贿赂，或以恭维讨好，或重贿金银财宝，让公子向君王进言，以求亲近君王之效。然后大臣也就凭借这样的献媚，加官晋爵，结果就是君王的利益或国家的利益受到侵害。以上三种，是根据与君王的亲近关系而做出的类型划分。

第四种，韩非命名为“养殃”。“殃”，就是祸害。君主一般都喜欢华美壮观的宫台庭池，喜欢巧笑倩兮的美女，喜欢驰骋田猎的犬马，因为这些东西会让其心情愉快。大臣们就因此常常去盘剥民脂民膏，来建造华美的楼台亭阁；通过加征赋税来打扮美女、驯养犬马，以讨君主的欢心。也就是以顺从君王的欲望来从中谋取私利。一个被声色犬马诱惑的君主，他还能处理好国政吗？当然不能。这对君王来说，岂不是灾祸吗？

第五种，韩非叫其"民萌"，意思是君王不了解民众，反而由大臣来笼络民心。大臣散发国家的财物，取悦民众；大臣常常施加小恩小惠，使民众对其衷心拥戴和称赞。结果，君王受到蒙蔽，陷入不了解民众究竟是对谁感恩戴德，究竟对谁心生怨恨的与众隔离状态，这自然是一件非常危险的事情。

第六种，韩非叫其"流行"，意思是君王偏听偏信，很容易被花言巧语改变想法。大臣们为了打动君王，常常费尽心机地寻找诸侯各国的能言善辩之士，或者去豢养一批能说会道之人，让他们编造华丽动听的言辞，以天下流行的议论，去打动、说服、影响君王。这类做法，主要有两种类型：一种是编造一些灾难祸害来吓唬君王；另一种就是编造一些浮华不实的言辞，让君主听不到淳朴的、真实的话语。君主因此陷入偏听偏信的危险状态，无法得到真实的信息，从而做出昏庸的决定。

第七种，韩非叫其"威强"。意思是群臣、百姓认为好的东西，君王也跟着认为是好的；或者群臣、百姓认为不好的，君主就附和性地认为不好，这样君主失去自己的判断力，就变成应声虫，被人牵着鼻子走，自己的强势权力被弃置一旁，而以群臣、百姓为“威强”者。在此情形下，大臣容易纠集那些带剑的侠客，豢养那些勇于牺牲的武士以彰显自己的威势，恐吓百姓来使其顺从自己的利益。这样君主被大臣控制，君臣易位，又有什么可惊怪的呢？

第八种，叫“四方”。一般而言，君王要审时度势地来治理国家：国家小，就侍奉大国；国家兵力弱，畏惧强大的军队，那么大国提出的要求，也只好听从。但值得警惕的是，在这样的处境中，大臣有可能会加重赋税，耗尽国库，尽国家所有去侍奉大国。这表面上好像和君王审时度势保家卫国的宗旨相同，但实际上，大臣是以这一点来制约国君：严重的，会引来外国军队驻扎在边境上，胁迫君王；轻微的，便是让外国的使臣们来恐吓君主。这就是所谓的“四方”，即用外国的力量来影响本国的君王决策，以谋求臣下自己的利益。

在韩非看来，这八种奸佞之徒的做法，就是大臣作奸犯科、诡诈之术的最基本的类型，君王不得不高度警惕，以免陷溺其中，误国伤身，甚至造成国家倾覆、丢掉性命的后果。

二、如何对付八奸？

如何对付这八种奸诈之术呢？韩非指出，一个英明的君王在行使权力、施政布局、奖赏惩罚时，一定要高度注意：对内宫，可以亲近美色，但不要因为她们的私情而改变自己的看法。韩非的这一主张说明他还是比较务实的，没有要求君王必须远离美色。人君很难克尽七情六欲，后宫嫔妃三千人，哪那么容易远离呢？尽管不能克尽人欲，却必须控制人欲。最为重要的是，将人的欲望与政治的理性决断严格区隔开来。

同理，对于左右亲近的大臣，君主可以让他们为自己做事，督导他们的言论，但是不要让他们讲过多的废话来影响自己的正确判断。

对于父兄、大臣，可以听取他们的建议，但是一定要用法律来保证他们无法擅自妄为。君主也不能让父兄、大臣随意就能揣测到自己的心意。假如心意都被大臣揣摩透了，未说要赏赐，他已经准备好了财帛；未说要惩罚，他已经增加了劳役和赋税，那君王如何能恰当施政呢？在权力决断与具体执行上，必须严格划分君主决断权与大臣执行权的界限，以保证君权至上，臣下臣服。

如果大臣以自己的名义施恩行德，以赈济天下之名散财笼络人心，那么君主一定要高度提防，因为大臣实际上是在散发国库储备，为自己聚集民望，这对君主是一个争夺民心的极大的威胁。比如，臣下擅作主张，打开公仓赈济民众，君主绝对要予以禁止。凡是一切笼络民心的做法，都必须以君王的名义来施行。如果任由大臣来施行，民心就收揽到大臣那里去了。有朝一日大臣取君王而代之，也就不稀奇古怪了。

所以，君王一定要考核一个经常受到称赞的人是否有真的才能，是不是真正忠心耿耿，是不是为国殚精竭虑。失于相关考察，就会让君王不经意之中失去统治资源。因为一个大臣的名望高企，极有可能是他故意笼络民心而得来的。而一些让民众不满、被攻击的人，却有可能是因为做了必须去做，却不讨好民众，但有利于君王统治国家的事。面对这样的反差，君王需要对那些被诽谤的人，认真考察、进行甄别。换言之，君主决定赏罚，一定要恰当，不能纵容群臣之间相互说好话，以便在君主那里谋求好处，更不能在群臣和民众之间相互说好话的情况下，让自己的判断受到影响，并因此丧失明智，陷入昏聩，最终国亡身死。

对于有勇力、在战场上能够建功立业的人，一定要杜绝他与人私斗。与人私斗者，必须予以惩罚，这样才能杜绝这些有勇力的人去谋求私利，而让他们在国家谋求开疆拓土的进程中，发挥积极的作用。

对于其他诸侯国的要求，也就是处理接近今日所谓国际关系的时候，需要慎重以待。比如，对富国联盟的要求、穷国输财的要求等，需要看是否符合法度。诸侯国之间的关系，需要诉诸立法来处理，究竟是采取“合纵”还是“连横”的策略，都需要在法的高度审慎度量，不合乎法度的就坚决杜绝。

对战国后期诸侯国的君主来讲，不但需要对内对外审时度势，而且在牢固掌控君权上面，一定要注意两个原则性的界限。一者，绝对不能满足于对国家权力的表面掌控。一个亡国之君，常常只是名义上拥有这个国家，大权旁落后的君主，实际上已经不能被看作是国家的首脑了。二者，君王一定要掌握自己的命运，倘若君王被大臣左右，被亲信和勇武之士挟持，不但有名无实，而且会处在极其危险的境地。韩非对战乱状态下权力自我维护的关键问题，可以说抓得相当之准。

韩非强调，作为一个有为的君主，对外，哪怕面对实力更强的大国，也绝对不能受其威吓；对内，必须想方设法维护自己的权力，不受大臣们侵蚀。这样，大臣们也就没有什么办法挑战他的权力与权威了。

总而言之，一个英明的君主设置官职、提供俸禄，要明白它的基本目的是奖励贤才和有功之臣。因此，一定要让臣下获得的奖赏与完成的事情相当，不致出现功小而委以重位厚禄，功大反而奖赏轻微以至于不足挂齿的现象。事与功不相当，言与行不一致，而君主不能明察，那就会大祸临头。

韩非所伸张的，明显是所谓君王南面之术。但从治国理政的一般视角看，辨明奸佞，要求事功相当、言行一致，对行政执行者奖惩适当，以求人当其用、物当其事，这样的行政管理原则，还是具有超越时代的普遍意义的。如果一个国家首脑，既不能辨别奸佞，又不能恰当用人，还能指望他成为一个合格的治国者吗？

第十讲
君主易犯的十种错误

十过：一曰行小忠，则大忠之贼也；二曰顾小利，则大利之残也；三曰行僻自用，无礼诸侯，则亡身之至也；四曰不务听治而好五音，则穷身之事也；五曰贪愎喜利，则灭国杀身之本也；六曰耽于女乐，不顾国政，则亡国之祸也；七曰离内远游而忽于谏士，则危身之道也；八曰过而不听于忠臣，而独行其意，则灭高名，为人笑之始也；九曰内不量力，外恃诸侯，则削国之患也；十曰国小无礼，不用谏臣，则绝世之势也。

——《十过》

如果韩非只罗列出大臣欺骗君王而君王容易上当的现象，那可以说他的分析是不到位的，因为这样就把君主放到了一个相当低端的位置上了。这些只是君主对大臣采取的防御性措施，还需要从君主本身的角度，凸显君主必须避免的失误，才足以呈现有为君主如何能成为统率群臣、驾驭大众、勇于作为、增强国力的圣王式君主。如此，才足以显示韩非对君臣大防的理解，是既深刻而又周全的。

所以在《十过》篇中，他着力分析的是君王自己容易犯的一些错误。君王容易犯的错误，韩非罗列了十种，并且以令人惊诧的、必须被君王铭记的历史实例来印证。韩非强调圣明君王、英明君主的重要性，他总是把君王说得非常重要，以至后人一直说他是君主专制的倡导者、邪恶之术的设计者。其实，这是误解韩非而得出的结论。

一、何为“十过”？

君王最容易犯的第一个过错，是容易接受臣下的小忠，结果败坏大忠，即“行小忠，则大忠之贼也”。臣下一个小小的忠诚表示，君王常常容易受之感动，反而忘记了真正需要的忠诚是什么，真正有价值的忠诚是什么。这不是说君主傻到不能分辨忠奸之别，而是因为人总是处在人情世故之中，小忠诉诸情感，大忠依托理性。人们常常受情感支配，拒斥让人焦灼的理性。因此，君主易受小忠感动，也在情理之中。这是韩非把君主放在常人的位置上来观察而得出的结论，可见他无意神化君王。

第二种过错是顾及小利，结果忘掉大利。这也是一个基于常识的判断：在日常生活中，人们常常会为获得的一点小恩小惠、一点实际利益而兴奋无比，却因此忘了原本追求的大利益是什么，结果是捡了芝麻，丢了西瓜。君主也不例外。小恩小惠容易使人满足，因为它容易让人有一种获利的现实满足感、眼见为实的实在感，让人很容易忘记那些超越当前实利的大利益。大的利益，需要撇除各种小恩小惠，才能呈现出来。它需要人们去仔细甄别，以较强的判断力才能把握住。但后者正是人们不愿意为之或懒于为之的事情。

第三种过错，就是行为乖僻，自行其是，在跟诸侯交往时不讲礼仪，这样就很容易引来杀身之祸。君主居于权力高位，很容易掉进乾纲独断的陷阱，排斥群臣、独断专行就成为他们的基本行为方式。长此以往，他们对谁都会生出一种傲慢感，对臣下自然如此，而对其他诸侯国的人也不例外。于是，君主成为孤家寡人。他因此遭遇权力挑战与生命威胁，就不是意料之外的事情。

第四种过错，是君王被自己的偏好支配，沉溺于自己的偏好，疏于治国理政，结果自陷困境之中。比如，君王喜好音乐，被五音遮蔽了耳朵，完全沉浸在音乐中，无心理政，也搞不清楚大势为何。君主如同常人，会受自己的兴趣、爱好支配，忘记该下功夫做好的事情，这其实是贯穿中国政治史的一个现象。在个人兴趣与治国要求之间，君主感到局促，很难将心思完全集中到令人紧张的治国事务上面。

第五种过错，是君王贪婪乖戾，对利益看得非常之重，这是春秋战国时期诸侯王们容易丢掉国家、失掉性命的根本原因。这是从人性上来说的：人心不足蛇吞象，但人性又注定在满足自己的贪欲时，人会表现得不可理喻，既刚愎自用，又性情乖张。这在他人眼里，自然便成为去之而后快的对象。君王要想保住性命、捍卫权力、维护国家，就需要克己自守、加强修养，看低利益、善于容众。

第六种过错，是沉迷女乐，不理国政。君主与美色的搭配，似乎是古今中外政治生活中的一种固定模式。在君主集国家权力与总体利益于一身的情况下，他如果只想享受权力与利益带来的生活淫乐，那是非常容易的。但浸淫女色之中，国政自然便被荒废，君王常常顾此失彼。一味顾及个人喜好而疏于治国事务的时候，就失去了维护国家的种种契机，以致身死国灭。

第七种过错，是远离朝廷，不务正业，四处游历，对大臣的劝谏完全听不进去。这样的君主身家性命不可能不处于危急状态。离开宫廷远游，本来就可能埋下远离权力中心、失于适时理政的危机。此时如果能够虚心纳谏、从谏如流、善于决断，也许还能弥补可能出现的权力真空、决策疏失的问题。而一旦君主既远离权力中心，又拒绝听取中肯谏议，那么他陷入生命危险的状态，又有什么奇怪呢？

第八种过错，是讳饰过错，一意孤行，这哪有不声名败坏、被人耻笑的道理呢？常理是，人非圣贤，孰能无过，过而能改，善莫大焉。但如果君王拒绝按常理反思自己的过错，而且在犯了错的情况下，拒绝倾听大臣的劝告，并且坚执己见、一意孤行、不思悔改，他被人耻笑也就在情理之中。可怕的是，君主对这样的处境仍然不以为意，这就为声名败坏、沦为笑柄埋下了伏笔。

第九种过错，是君王对自己国家的实力没有一个客观的评价。大，他以为小；强，他以为弱；小，他以为大；弱，他以为强。由于君主对国力的判断与实际情况恰好相反，因此会出现对国内力量颇不自信，转而依赖于其他诸侯国的支持，结果导致国土被割让这样的事情。这一错误重在指出君主应有对国家真实实力的估计能力。

第十种过错，是国家本来就很弱小，但君主自己不仅傲慢无礼，而且不听谏臣进言。小国之君为什么会表现出自傲自满呢？这就是权力容易让人判断失准，利令智昏，让其不知道自己有几斤几两。更为糟糕的是，坐井观天、自大自满的小国君主，根本听不进臣下的谏言。本来国家就弱小，还自以为是，国家的灭绝就实属必然了。

二、历史的教训

韩非并不是纯粹以推论的方式告诫君主需要注意自己容易犯下的十种错误，他的论说之所以对像秦王那样的有为君主具有极强的说服力，是因为他总是有着让人叹服的事实根据。他在分别指出君主容易犯下的十种过错后，紧接着就以历史事实来分别印证。

什么叫“小忠”呢？他举证说，有一年，楚共王和晋厉公在鄢陵打仗，结果楚国吃了败仗，楚共王眼睛也受伤了。战斗过程当中，楚国的将领司马子反渴了，想喝杯水，结果他的下属竖谷阳给了他一杯酒，子反说：“拿走，这是酒，我不喝。”竖谷阳说：“这不是酒。”然后子反拿来就喝上了。子反本性好酒，一喝就喝多了。结果需要再战的时候，楚共王看到他已经喝醉了。子反忘记了宗庙社稷的大任，忘记了爱护楚国民众的利益，将领醉卧沙场，谁领兵打仗？于是共王只好班师回朝，并把司马子反给杀掉了。竖谷阳对上司是忠心耿耿的，给上司酒喝，是为了给他解渴，结果却把他害死了。这就是所谓小忠伤害了大忠。可见，小忠就是那些不看大局，蔽于眼前，急于为上司当下、个人的需要尽忠的一种忠诚形式；而大忠则是着重长远与全局，为上司提供值得采纳的中肯的意见，因此是一种超越上司眼前的与个人急需满足的欲望的忠诚形式。小忠是一种极易展现并且为上司所喜欢的忠诚形式，大忠则是一种很难表现且不易为上司所喜欢的忠诚形式。不为小忠所蔽，辨识大忠的价值，这真是对君王的一个考验。

什么是小利伤害大利？韩非举例说，当初晋献公要借道虞国去攻打虢国，臣下向他进言说，最好献出宝马、碧玉以行贿，让我们能借这个道。原本晋献公是舍不得的，他的臣下又进言：不要舍不得，我们把虢国给灭了之后，还能顺带把虞国灭了，碧玉和骏马就能重收回来了。晋献公就同意了。而虞公贪财，不听臣下劝告，借道给了晋国。后来晋国把虢国灭了之后，果然回头把虞国也给灭了。为了蝇头小利而让国家倾覆，这样的君主也真是没有权衡利弊的基本能力了。国家灭在他的手里，毫不奇怪。

什么叫行为乖僻？韩非举例说，当年楚灵王在申地会盟诸侯，极其无礼。他把迟到的宋太子拘禁起来，又侮辱徐国君主，囚禁了齐国大夫庆封，还不听别人劝告。后来，群臣忍无可忍，在他南巡途中把他劫持了，逼他让位。楚灵王最终被饿死了。在礼制中国，一个诸侯国的国君会盟诸侯，竟然不讲基本的礼节，在关系到国家存亡的问题上轻慢别人，这样的乖张举动，怎么能为群臣所容忍呢？

什么叫好音乐而不理政事？韩非说，当年卫灵公到晋国去，途中听见有人奏乐很好听，就招来乐师学习。晋平公好酒，喝到畅快时，卫灵公就说："有一首新曲，希望弹给诸位听。"晋平公一听，是真好听，于是就问乐师："你这音乐是好听，但是透露出一股悲凉之气，它是不是最悲凉的一首曲呢？"乐师告诉他："不是，还有更悲凉的。"他说："那行，我来听一听更悲凉的。"本来乐师劝他说："这更悲凉的就不要听了吧？因为您的德行修养还不足以听它。"但是晋平公坚决要听。这支乐曲果然比前一首好听得多。听完之后他又问，还有没有比这第二首更悲凉的曲子。乐师告诉他还有，于是他还要听。乐师就说："千万不要听，因为您德行积累不够，听了之后会有灾祸到来的。飘风骤雨，虎豹前来，腾蛇伏地，凤凰翱翔，鬼神大聚会。这是非常不利的。”结果晋平公太好音乐，说：“那我非要听一听。”结果乐师勉强为他演奏，果然晋国此后大旱整整三年，晋平公自己也患了病。这就是为了满足自己的音乐爱好而不顾及在政治上的危险，最后让自己陷入难以自拔的困境。

什么叫贪愎？韩非讲述说，智伯攻打另外的卿大夫家族，谋士劝他说：“你最好不要灭这个家族，因为中间被灭的家族相互也在谋划合纵连横。比如，韩魏之间就说这是唇亡齿寒，我们千万不要上智伯的当。如果他灭了我们其中一个，另一个跟着也就会灭。”结果他不听，坚决要进攻，不断地占领城池、掠夺财帛，最后大军覆没，自己也丢掉了性命。这就是不听谋士劝告，独断专行，结果招来杀身之祸的例子。

什么是耽于女乐？韩非说，秦穆公问戎国使节由余：“你认为一个国家得国失国，最重要的导因是什么呢？”由余就告诉他，是节俭。穆公一听很恼火：“我问怎么治国，你却劝我要节约，为什么？”由余回答：“尧治天下，非常节俭；舜接了尧的位置，他生活奢侈，就开始有人不服；接着禹接了舜的位置，禹更奢侈，结果有更多的国家不服从他；最后夏朝衰亡，商朝更奢侈得不得了，不服从者也就越来越多。”于是秦穆公觉得由余是一个可用之才，就想怎么样可以使得由余这个人为他所用，而不为其他人所用。后来他将十六个歌女送给派由余来的戎王，让他耽于声色犬马之中。由余回去后劝谏戎王，戎王不听，只好跑到秦国，并被拜为上卿，戎王的国家也就被兼并了。

什么是离内远游？韩非也举了例子，就是齐景公游于海内，非常兴奋，并且说谁劝谏就杀死谁。结果仍有一个大臣劝谏他，认定自己是为国尽忠，要杀就杀，而且把脖子伸出来说：“就往这里刺吧！”齐景公放下杀器，急忙回去，果然发现有人不希望他回来，想篡国夺权。可见，一国君主放弃责任，离开宫廷，云游四方，就等于任由权力真空出现，这岂不危险无比？

什么是有过而不听于忠臣？韩非说，齐桓公九合诸侯、一匡天下，是五霸之长，管仲辅佐他。管仲老了，不能治理政事了，齐桓公就问管仲：“我怎么办才好，政事该问计于谁？”并举出四个人。管仲说：“这四个人不可用，隰朋可用。”但齐桓公没有听管仲的劝告，独行其意，用了一个为了要得到重用而割去自己生殖器的人。结果，这个人后来造反，齐桓公饥渴而死。齐桓公乃是一代雄主，因为不听忠臣劝告，固执己见，结果毁坏了自己很高的声望，落得被人耻笑的可悲结局。

韩非还举例说明了什么是内不量力、国小无礼。总的来说，韩非强调的意思就是，君王也会犯错，所以必须总结历史教训，才可以避免成为一个昏聩之主，也才可能成为一个英明之主。透过君主易犯的十种过错及其在历史中的典型事例，人们可以看出，韩非在开示君主，尤其是开示将要登上政治舞台的帝王，面对自己易犯错误的行为类型以及活生生的历史教训，告诫他们，如果不谨慎以待，便会重蹈覆辙。而韩非的政治思维模式，也呈现在了人们面前：以一般理论性言说与经验事实举证相结合的方式，申述一种具有极强说服力的政治见解，使之成为引导力极强的政治论说。这是一种总体上属于经验化的政治思维模式。

第十一讲
法术之士的“孤愤”

故智术能法之士用，则贵重之臣必在绳之外矣。是智法之士与当涂之人不可两存之仇也。

凡法术之难行也，不独万乘，千乘亦然。人主之左右不必智也，人主于人有所智而听之，因与左右论其言，是与愚人论智也。人主之左右不必贤也，人主于人有所贤而礼之，因与左右论其行，是与不肖论贤也。智者决策于愚人，贤士程行于不肖，则贤智之士羞而人主之论悖矣。

——《孤愤》

《韩非子》的前十篇，给人一种非常鲜明和深刻的印象：为了君王，韩非可以说是殚精竭虑、周全考量。

韩非将这么多国家兴衰的历史经验、教训进行总结，用之于游说君王，秦王也被打动，最后却被自己的同学假秦王之命而毒死了，为什么会有如此悖反的一个情形?! 《韩非子》第十一篇《孤愤》可以说是一个揭示。

一、法术之士与重人之臣

韩非说，像自己这样的智术之士、能法之人，讲究以法律来治理国家，让国家强盛。他与通过亲近君王身边获得信任的那个集团中的人，是大不一样的。在韩非看来，这两方是不能并列、不能共存的。所谓一山不容二虎，即是这个道理。为什么在君王面前这两种人不可能同时吃香呢？简单讲，就是因为他们带给君主的治国模式是迥然不同的。采用一方的治国之术，就不可能再采取另一方的治国方略了。韩非对不同治国模式的排斥性，有一种充分的自觉。

韩非表达了这样的一个现实状况：君王轻信权臣，让亲信、左右影响自己；新来的法术之士，能不能够靠近君王，能不能够让君王听从自己的治国劝告，接受自己的治国方案，施行自己的治国方略，是不确定的。韩非痛陈，法术之士引导君主推行其治国方略，确实是一件很难的事情。难就难在，权臣、亲信已经跟君王建立了亲密的关系，而法术之士要想取代权臣、亲信，就不能不先挑战他们与君王的既定联盟，挑明他们无以真正实现国家良政善治的事实，而这是一种具有极大风险的做法。

韩非特别强调，智术之士、能法之人，在进言时一定会受到权臣的谗言的攻击，个人声望、身家性命，随时随地都会处在一种危险的状态。所以这一篇是典型表现法术之士心境状态的作品。从篇目《孤愤》看，意即法术之人既感孤独，又觉愤懑，还有一些无可奈何。韩非在这一篇中，把当权重臣与法术之士鲜明对立起来，认为两者确实有“不可两存之仇也”，即两者处于势不两立的状态。可见，在韩非眼里，受到君王宠信的权臣与推动法治的法术之士，不是划界而治，各自在君王面前逞能，而是一种非此即彼、你死我活的绝对排斥性关系——以谄媚获得权力的人，怎么可能与治国理政之才相融无间呢？按照常理，人们也能理解这一点。

韩非把重人之臣跟智术之士、能法之士做如此对立的比较，是因为他对这两类人的特点有非常清晰明白的归类。法术之士，必须要有远见，以至于能明察秋毫。如果不能洞悉隐情，是不是不可能成为智术之人？正是。而这却是权臣、近臣、宠信之臣绝对缺乏的东西。

智术之士，在性格上非常刚毅、非常坚强、非常正直，因此才能够去矫正君王，才能够去力辟奸邪，才能够将一个诸侯国的政治扭转到推行法术的轨道上来。这对那些已经身居大臣之位的人，肯定是做不到的事情。因为在现实中，那些权倾朝野的人物，假君主权威，却常常只为自己谋求权力与利益：一者，他们常常是在没有君王命令的情况下，独断专行，擅自作为，常常损害法律以满足自己的私利；二者，他们擅长的事情，往往会消耗国家的财力，方便自家或者党羽。因此他们的势力能够坐大，大到足以让君王都得听从他们的主意。

在行为方式上，智术之士、能法之人一旦被任用，首先就必须揭示这些权倾一方的宠臣假借君主名义、谋求一己私利的隐情；其次会努力尝试矫正这些权臣的奸邪行为，暴露其虚情假意的真面目；最后会使后者受到君王的惩罚。这三者对立性地显示出两者在政治上的整体排斥性：一方被用，另一方就要受到惩罚。这两方确确实实是一种势不两立的关系，而不是韩非的一种夸张言辞。

做出这两类人的排斥性划分之后，韩非进一步分析，由于当道者权倾一方，诸侯们不依靠他就办不成事，因此甚至敌国都会吹捧他。各级官员，不依靠他就得不到升迁，所以都愿意替他效力。即使是侍奉君王的郎中，不依靠他甚至都无法接近君王，所以也帮他隐瞒罪恶。哪怕是学士们，不依靠他俸禄就很微薄，被君王轻视，所以对他也歌功颂德。权臣得到这四种帮助，再加上君王们又不能明察秋毫，习惯性地去信任和爱护他，因此，君主与权臣的关系便趋于稳固，很难被撼动。

但结果是非常危险的：由于权臣、近臣与宠臣们刻意让君王受到蒙蔽，他们不仅权倾一方，而且让君王必须处置好的国事，得不到及时和有效的处置，让治国理政的失治与衰颓态势变得日趋严重。为此，韩非发出内心的哀鸣：法术之士们得不到任用，更谈不上重用，国家的治理如何可以期望。据此，韩非特别强调，一定要让君王们清楚，法术之士跟这些权臣是有根本区别的，唯有依靠他们，疏远权臣，国家才有望坐大坐强。

在韩非的眼里，法术之士才是有为君主非依靠不可的人士。因为，法术之士地位卑贱，作为新来之人，没有朋党。法术之士愿意出一些对君主真正有利的主意，这可能跟君王意志相反，而不像重臣，总是想表现自己与君王的好恶高度一致，刻意投其所好。法术之士也没人脉，只能以自己的一张嘴，来与位高权重的人争胜。因此，他们是在绝对不利的处境中为君主竭心尽力谋划的。

韩非对两种人的处境进行了比较分析：与权臣们拥有的五种有利处境相比，法术之士面临着五种不利处境：法术之士与君主的疏远和权臣与君主的亲近；法术之士对君主是新来乍到之人，而权臣们则是君主熟悉的人；法术之士对君王是反其意劝谏，权臣与君王则是一个鼻孔出气；法术之士是没有什么政治地位而受轻视之人，权臣手握重权，为人看重；法术之士以一张嘴犯颜直谏，要对付的是全民的众口一词。处境这么悬殊，法术之士怎么能与宠信之臣们争胜呢？更加危险的是，为了避免法术之士被起用，一旦他出现违法犯罪的行为，权臣就以公法的名义把他杀掉。如果法术之士没有违法犯罪的行为，权臣就让刺客把他杀掉。所以法术之士的处境，简直是危机四伏。在这种情况下，法术之士确实就只好"孤愤"了。他们又何必犯颜直谏，冒死进谏？但对君主来讲，专权之臣就更得寸进尺了，君主显得卑下，权臣显得贵重，这是可以预见的严重后果。韩非举例说，像晋国和齐国的灭亡，其实不是土地和城池都被毁灭了，而是说被大臣篡权了。

法术之士必然是很难推行自己的主张的，法术相应地也必然是很难实行的。原因很简单，他们这类人的想法与做法，与另外一类人的想法与做法是完全相左的：

权臣已经在君主左右，不一定有能耐和有智慧，但君王误认为其有能耐、有智慧，并听从于他们。这就是君王与重人论治，与不肖论贤的悖谬。

二、君王潜在的危险与法术之士的叙用

君主向重人之臣问治国理政之法，那是问错了人。一旦问计问错了人，法术之士又没有办法被君王接受，结果就是大臣权威太重，君王左右太受宠幸。这种局面，对君王不是幸事，可以说埋下身家性命的危险、亡国灭种的隐患。这是人主之公患，也就是所有诸侯王都会遭遇的严重忧患。而这正是需要法术之士帮助君王逃脱的厄运。

在韩非看来，一个君王需要明白的是，君利和臣利，即对君主有利和对臣下有利的事情是大不相同的。对君王有利的是“有能而任官”，即发现有才能的人，然后授予他官职。对臣下有利的是他没有能力，但是被赋予重任。为什么可以出现这样的不同？简而言之，君主任国，大臣处事。因此，君主需要对那些有利于国家治理的人才加以辨别和任用。做到了这一点，君主就收获国家良治之利。臣下是为得到君主任用去处理事务的人，只要获得君主任用，臣下就算大功告成了。至于臣下的实际办事能力的高低，就另当别论了。

君利与臣利的不同，从三个角度体现出来。首先，君主任国，自然对君主有利的任国结果，就是对那些劳苦功高、无功劳有苦劳、无苦劳有辛劳，也就是凡事为君主而劳的人，奖以爵位、俸禄。反之，对臣下有利的是，他们全无功劳，却也得到高官厚禄、富贵荣华。这等于是在挖君主统治国家的墙脚，毁弃江山社稷。

其次，从用人治国及其后果的角度看，对君王有利的是使人中英杰得到任用，从而很好地治理国家诸般事务。但对权臣有利的是结党营私，让私利得到满足。如果君主之利得不到保障，大臣之利反而嚣张地得到满足，那么君主肯定会失去财富、君位以至国家。这些明显背离的状态，让智术之士痛心疾首。他们是一帮富有远见，愿意为君王倾尽全力之人，他们绝对不愿意跟奸臣一起欺负君主，断送君主江山及性命。

最后，在君主治国上，存在着令人惊异的失误：奸臣们结党营私，欺负昏聩之君，君王明知这些大罪，竟然没去禁止。如此，君主失利、臣下得利，事出当然。而一个君主因此丢掉君位、失去国家，最后付出性命，又有什么奇怪的呢?!

一个国家，如果君王出现如此大的过失，而臣下犯下这样的大罪，国家不灭亡，反倒没有公理。所以，在韩非看来，真正要保证一个国家繁荣昌盛，就一定要解决这个大失、大罪的问题。方案是什么？出路是什么？韩非说得也很明白，就是要听从智术之士的献计献策。但让一个君王不听从权臣，不听从左右，不听从亲信，而听一个有治国之术、前来进言的法术之士的说辞或方案，那是多么的困难。在两种人的现实处境对比中，人们完全可以理解韩非的孤独、愤懑，那是一种忠诚、能干却无用武之地，且受到君主怀疑的无可奈何、空怀壮志、改变无门、无边浩叹。

第十二讲
游说者的智慧与代价

凡说之难，非吾知之有以说之之难也；又非吾辩之能明吾意之难也；又非吾敢横失而能尽之难也。凡说之难：在知所说之心，可以吾说当之。

凡说之务，在知饰所说之所矜而灭其所耻。

——《说难》

向君王进言的艰难困苦，让法术之士感觉到孤独、愤懑。但这样的处境，是不是就让他们知难而退，收手不干，不再向君王进言了呢？如果真是如此的话，就不会有智术之士在战国末期的惊人崛起，也不会有韩非千古留名的传奇了。

这与智术之士的自认使命具有密切关系：他们不就

是要靠自己向君王进言，以改变君主以惯性治国，转而采取依法治国的进路吗？不过需要看到的是，法术之士、智术之人试图真正屏退权臣，让君王听取自己的进言，需要在克制孤愤之情的同时，真正把握住一个君主的治国处境，设身处地、因势利导，以君主能够听得进去的方式，向他有效推荐依法治国的治国模式，促其采用依法治国的新的进路。为此，法术之士、智术之人需要弄懂两个游说君王的基本要领：一是自己对依法治国的深入全面理解与有效阐释；二是因应于一个君王的实际关切，富有针对性地游说，并有效打动君主，让其采用法术之士的治国方略。

所以，在《说难》篇中，韩非强调智术之士一定要清楚游说的困难究竟在哪里。这正是韩非清楚明白论述的法术之士进言必须着力解决的第一个难题。

一、游说的困难

在韩非看来，游说的困难，第一，不在于智术之士有没有知识说动君王；第二，也不在于口才好不好，能不能够酣畅淋漓地表达自己的意见；第三，更不在于有没有勇气，法术之士完全能毫无顾忌地阐发自己的观点。

那么，法术之士游说君主的最大困难究竟是什么呢？韩非认为，在知识、口才、胆量之外，背后隐藏着的最大困难，就是了解游说对象——君王们的心理，也就是游说者要能够有针对性地发表意见以迎合君王的心意并兜售自己的治国之术。

游说者跟君王相合，但又不是曲意逢迎，这在韩非看来，是进言的难上之难。他举例道，对那些游说对象中想求名的人，用利益来打动他，就显得太卑下。对那些想得利的人，用高尚的名节来劝说他，那就显得没有头脑，完全脱离实际。脱离实际的言论不可能被采纳。而更为复杂的是，有些人实际上暗中求取名利，表面又很重视高尚名节，此时如果以名节来游说他，他表面上接受你，实际上是会疏远你的；而有的人表面上是求利，暗地里又求名，此时若用相反的举措游说他，他表面上采纳，实际上也会对你弃之不用。

可见，在游说者与君主之间，试图找到相互颇为契合的游说对策，是相当困难的。这不仅是因为君主在名利上的错位表现，也是因为权谋上的名实不一。其实，这岂止是法术之士游说的困难所在，那是春秋战国时代所有试图说服君主采取自己治国之策的游说之士的共同困难。儒家孔子栖栖惶惶奔走列国，终不为君主所用，只有下帷讲学，也是显例。孟子与梁惠王相会，“王顾左右而言他”，也是一个令人印象深刻的标志性事件。儒家给君王的进言，是要恢复周礼，有些迂腐。而韩非等法家的进言，是要矫正君主的治国模式，直击君主的要害，其难度想来都更加巨大。

二、“七危”与“四难”

在韩非看来，向君王进说的困难，是非常之多的。概括起来说，就是所谓“七危”与“四难”，简而言之，就是七种会遭遇身家性命的危险局面和四种语言技巧上的困难。

先来看七种非常危险的局面。第一种是泄密。做事成功需要保密。泄密可能不是故意的，但可能触及人家千方百计想保密的事情，这就会危及性命。

第二种，游说者看穿君主表面上在做一件事，实际上却是想做另一件事，而且不仅知道君王要做的事情，还知道他为什么那样做。一个游说者知道那么多，岂有不危险之理？

第三种，为君王谋划一件事情，而且很符合君王的心意，但不料被人猜出，君王一定认为是这个游说者泄露的，于是性命堪忧。

第四种，尚未得到君王恩宠，进言时就显得非常睿智，所谋划的事情成功了，遭遇嫉妒；所谋划的事情失败了，遭人怀疑。游说者因此身处险境，不让人意外。

第五种，尊贵之人有了过失，游说者以大道理来匡正他，把他的过失说得严重违背礼教。这个时候游说者也就很困难，这个游说者就有小命不保之虞。

第六种，尊贵之人有个好的计谋，本来想借此夸耀自己，游说者预先知道这个事情，这还了得，他的性命岂有不处于危险境地的道理？

第七种，强行要君王做他做不到的事情，试图劝谏或者制止君王做他试图要做的事情，违逆君王的意图，游说者的性命也就处于危险的境地了。

其中危险，不可谓不多。这些可能危及游说者身家性命的危险，不仅涉及游说事务的公开与隐秘、阴谋与阳谋，也涉及君主对游说者的信任与疑惧、自尊与信任等问题，可见法术之士的进言，确实是一件可能危及自己性命的事情。

所谓“四难”，就是论君王亲近官员会被认为是挑拨；论卑微的小臣，会被认为是在弄权作势；讨论君王所爱的人，是要达到什么个人目的；讨论君王讨厌的事情，会被以为是在试探。论大人、细人、所爱、所憎，都会遭遇困难。知人论世尚且如此，进言陈说更加困难：

言辞简略会被认为愚蠢，言语详尽会被认为啰唆，略陈大意会被认为畏首畏尾，放言高论会被认为是桀骜不驯。根据韩非所列的游说困难，可知法术之士游说君王是件多么难以做好的事情。

三、游说的技巧

在“七危”“四难”面前，韩非强调，一个游说者要想把握住进言的诀窍，首先要把握住游说对象的基本心态：既要彰显他最得意的事情，又要为他掩饰羞于启齿的事情。他想要办私事，那就以公众名义去劝说他，让他觉得公私兼得。

有些事情让人羞耻，但在其他考量下不得不做，那游说者就要向他指出做这些事情的好处，如果不做，他会有缺憾。如果他心里有特别想做的事，却没有能力达到，那游说者就要去说这样做的坏处，而他没有去做，则要加以称赞。有的君主想夸赞自己的能力，游说者也得要列举类似的事，为他提供更多的证据。这样一来，就让游说对象采纳了自己的意见，同时自己又佯装不知，这多么高明。

只有把握住这些技巧，才能使进言既不违背君主的心意，言辞不与其相抵触，又可以发挥自己的知识与口才；既让君王亲近不疑，又能把想说的话都说出来。韩非强调，游说者千万不要对游说技巧掉以轻心。因为，即使像伊尹、百里奚这种辅佐圣贤的人，也都要通过做奴隶或者做厨子，亲近君主，才能获得信任。

只有积年累月，游说者获得了君王的信任，对献计也不予怀疑，有不同的看法君王也不会怪罪，从而能明明白白地剖析利害，坦率指出君王的是非。达到这样的境界，游说者才能够很好辅佐君王，而且在进言上避免上述危险与困难。

韩非上述分析，是非常到位的：一者，处在战国后期，云游之士遍天下，君王不知道究竟该听谁的，因此，君主总是对游说者心存一种将信将疑的心态。况且，在有近臣出谋划策的情况下，一个新来乍到的游说者，岂有轻易替代宠信者的道理？二者，在战国后期那种君王一言不慎、一行不当，就可能国亡身死的情况下，不同诸侯国之间的云游之士，究竟是为谁说话，还真不好辨别，因此，假如君主认定游说者虚情假意，实则为敌方谋利，因此会痛下杀手，也在情理之中。何以诸子百家四处游说，罕有被君王充分信任的个案呢？原因正在于此。

韩非对游说难度的陈述与分析，可以说切中了古今游说者的共同难题。一个游说者，不管你试图附和还是矫正游说对象，都会陷入吃力不讨好的尴尬境地。原因在于，游说者技巧再高超，他也只是个谋划者；君主再拙劣，他也是个决断者。谋划者要想让决断者言听计从，岂有不犯险便成功的道理呢?! 从常理看，所谓知人知面难知心，君主与游说者难以一拍即合，也是双方处在一种共同困境中的必然状态。

第十三讲
从和氏献宝看进言之难

夫珠玉人主之所急也，和虽献璞而未美，未为主之害也；然犹两足斩而宝乃论，论宝若此其难也。今人主之于法术也，未必和璧之急也，而禁群臣士民之私邪；然则有道者之不戮也，特帝王之璞未献耳。

楚不用吴起而削乱，秦行商君法而富强，二子之言也已当矣，然而枝解吴起而车裂商君者何也？大臣苦法而细民恶治也。

——《和氏》

韩非子三番五次强调政治进言之难，与《孤愤》《说难》不同的是，韩非在《和氏》这一篇中直接以历史人物的遭遇来证明进说之困难，使得人们更有切肤之感。

韩非讲的这个历史故事，就是和氏璧的故事。故事不复杂，但具有非常触动人心的悲剧性。楚国人和氏，在山中得到了一块玉璞，于是恭恭敬敬地把它献给了楚厉王。楚厉王就让加工玉石的工匠来做鉴定，不料工匠说，这块璞其实只是块普通石头。楚厉王非常愤慨，认为和氏在骗他，于是对他用了刖刑，砍掉了他的左脚。后来楚武王继位。和氏又拿着这块玉璞进献给楚武王。楚武王又找了一个匠人来鉴定。这位匠人又说这就只是一块石头。楚武王很恼怒，也对和氏施加了刖刑，这回砍掉了他的右脚。

楚武王去世之后，楚文王继承了王位。和氏在楚山下痛哭了三天三夜，眼睛都哭出血了。楚文王听说后，就派人去问他：天下受刖刑的人，多了去了，你伤心什么？和氏回答：其实我伤心的不是被砍掉了双脚，而是遇见三个君王，三个君王都认为绝世宝玉是石头，听信匠人的错误判断，使我这么正派、这么看重名节的一个人，被认为是骗子，这才是我感到悲伤的最重要的原因。楚文王听了，就派匠人去雕琢这块璞。果然楚文王得到了一块无比精美和珍贵的玉，于是就把它命名为和氏之璧。

韩非举这个故事，背后是具有深意的。他叙述这个悲剧故事的目的，当然不是感叹楚国两个君王竟然都不识宝贝，竟要到第三个君主才识得宝贝。这只是流于文字表面的东西。他的深意，其实是想借此说明智术之士和能法之人，本来也是在给君王献宝，君王不识宝也就罢了，竟还疏远他们，让他们处于危险的境地。这简直是像和氏献璧一样的悲剧性事件啊！

在韩非看来，这种情形就像和氏之璧不被两位君王认识一样，像法术之士，本是重视名节之人，反被当成骗子，这造成多大的冤案啊?! 韩非为了阐发这个道理，特地做了个分析。他说，宝玉还是君王迫切想占有的东西，即使匠人说它只不过是一块普通石头，但和氏有没有对君王造成什么伤害？没有啊！可是和氏却还是被君主砍掉了双脚。只有在和氏付出了那么大的代价之后，宝玉才得到君主承认，和氏的名节与诚心才得到了肯定。和氏这个献宝之人，呈献的是君王们日思夜想的宝物，他竟然遭到这样的人间悲剧，试想，假如一个人呈上的不是君主心心念念的东西，而是他并不在意的东西，如法术之士的献计，且一旦被君王怀疑其情有假，那结果会是多么不堪设想！

连君王迫切想要得到的宝玉鉴定起来都是这么困难，都要和氏付出那么惨重的代价，那么智术之人、法术之士要向君王进言，难上加难，岂不在意料之中？相比而言，君王禁止群臣、百姓、师生间私心和奸邪的需求，怎么可能赶得上君王想急切占有珍珠宝玉的迫切呢？在这种情况下，那些修治法术的人没有受到处罚，只是因为能够成就帝王功业的法术没有被献上去。韩非提示，法术之士献上治国大计，君主一旦推行下去，就不可能有大臣专权，近臣弄权也十分困难；官府实行法术，无业游民会专心从事农耕，游说之人会冒险上战场。如此一来，法术对官府和老百姓似乎都不利。假如君王不离弃近臣，不扛住百姓非议，一心一意用法术治国，法术之士一旦献计上去，那可能就跟和氏的处境差不多。正是因为如此，法术之士们已经不愿意把自己的聪明睿智贡献出来，这个世道的混乱，霸主的缺失，那就太正常不过了。

韩非通过吴起、商鞅的悲剧性历史事件，向人们证明了法术之士要进言，要让依法治国实现，是非常困难的。吴起、商鞅的进言，让楚国和秦国迅速崛起，但吴起却被处死，商鞅竟被车裂。可想而知，法术之士的进言会冒多大的风险！在战国乱局中，权臣习惯于把持权力，百姓习惯于混乱的时势，这比吴起、商鞅时代更为凶险，倘若君主昧于治国之术，对法术之士缺乏起码的信任，谁还敢像吴起、商鞅那样去犯险进言呢？

从前面几讲可以看出，韩非对法术之士、智术之人向君主进言的种种困难，做了相当系统深入的言说。从总体上讲，法术之士、智术之人都不被当时的君主们待见，因此显得孤独而愤懑。韩非然后从“七危”“四难”的多个角度，讲述了法术之士向君主进言的风险与困境，最后再言明，即便法术之士向君主进言犹如和氏献宝，也并不等于君主们就会敞开胸怀、无比欢迎，倒相反，君主的疑惧之心不会稍微改变，法术之士还是会面临一个相当危险的处境。他举证的吴起、商鞅悲壮的结局，就是想向法术之士表明，即便你献上的治国之策对国家强盛已经发挥出积极的推动作用，因为你触犯了各方的利益，也会付出性命的代价。这对法术之士是多么悲剧性的现实处境哟！

由上可见，韩非不是一般地讲法术之士进言之难，他所讲的，乃是战国时代扭转治国理政的基本模式的巨大难处。试想，在一个长久以来已经将亲臣旧部的熟人治国模式烂熟于心的国度里，要将其扭转到依照法规治国的新轨道上来，岂是一件容易做到的事情？向君主进言依法治国的难处，其实是改变治国轨道的难处！因此，言说的困难倒是其次，转变国家治理的轨道才是最重要的。法术之士、智术之人的处境有多么艰难，是由扭转治国理政轨道的难度所决定的！

众所周知，春秋战国时代，是中国作别西周形成的宗族国家建构的一个漫长而艰辛的时代。大宗套小宗的宗法制结构，是西周尤其是周公做大国家规模的一大发明。但大宗掌管中央权力，小宗行使地方治理权力的结构，本身是会面临挑战的。一是大宗的宗主必须是天纵之才，足以掌控局势，驯服小宗宗主服从大宗权力。这是就分封当下或一段时间的权力局面而言的挑战。二是随着时间的流逝，宗族关系的疏远，血缘亲情不足以维持宗法血缘体制的时候，各个宗族国家或分封国家之间，就必然发生因利益争夺而引发的战争。这正是西周稳定的宗法制度，变为春秋的“挟天子以令诸侯”，再变为战国的天下争雄局面一个内在的原因。韩非恰好身处这一巨变的末尾时期，其对时代变迁的敏锐感知，让他发现了国家必须转变治理轨道的秘密，因此开悟帝制、开示帝王，让掌权者醒悟时代的变化、治国的新局、施政的挑战。但这样的转变之困难，非处局中，很难想象。今人只能从韩非所论的进言困境，觉察一二。但循此往下思考，人们确实可以听到那个时代的惊雷滚滚。想想都会为韩非的时代感知和政治谋划而再三感叹！

第十四讲

辨别三种奸臣

凡奸臣皆欲顺人主之心，以取信幸之势者也。是以主有所善，臣从而誉之；主有所憎，臣因而毁之。凡人之大体，取舍同者则相是也，取舍异者则相非也。今人臣之所誉者，人主之所是也，此之谓同取；人臣之所毁者，人主之所非也，此之谓同舍。夫取舍合而相与逆者，未尝闻也。此人臣之所以信幸之道也。

夫有术者之为人臣也，得效度数之言，上明主法，下困奸臣，以尊主安国者也。是以度数之言得效于前，则赏罚必用于后矣。人主诚明于圣人之术，而不苟于世俗之言，循名实而定是非，因参验而审言辞……

——《奸劫弑臣》

前面韩非集中讨论了一个个法术之士游说君主的困难，其中隐隐有一条线索，就是法术之士之所以遭遇这样的困难，除了属于自身的难题之外，主要是因为跟其势不两立的权臣作奸犯科，阻碍其接近君王。

循着这条线索，韩非在第十四篇《奸劫弑臣》中，专门讨论了君王必须警觉的三种可怕的臣子：辨识和防止奸邪的臣下、夺取君威的臣下及可能危害君王性命的臣下。并且，他对法术之士的为臣之道进行了比较性的说明，可谓是不同治国理政模式中的为臣之道的对比性刻画。这是韩非试图提醒君主，认真区分法术之士与奸邪之徒，识别奸邪之徒对维护君权所具有的重要性。

韩非首先对奸臣做了一个定义。什么叫奸臣呢？就是想通过顺从君主的心意来取得信任和宠爱的地位与权势的人。君主喜欢什么，这些奸臣就称赞什么；君主讨厌什么，他们就诋毁什么。

大臣与君主共同称道叫“同取”，大臣与君王共同反对叫“同舍”。取舍都相同，臣下对君主还有什么价值，还有什么可进言的，还有什么行为正当与否的问题？这正是所有想争取君王信任和宠爱的大臣所用的糊弄君主的办法。

而这些奸臣就会凭借君宠排斥真正可以信任的人。

君王由于没有可靠的治理艺术来控制他们，因此只好听任摆布。最关键的是，由于君王无法参照事实来考察他们，而根据以往“同取”的经验相信他们的话，宠臣就会欺负君王。君王一旦受到蒙蔽，就会骄纵一批擅作主张、独揽军权、僭越位置的人。连君王左右的人都会感叹道：我本想用忠诚来侍奉君王，积得一点功劳，去求取安乐，但这就等于盲人想分清黑白，确实是不可能的；我本想顺应规律，按照正理来办事，并不想谄媚富贵，只是专心侍奉君王以求取安乐，但这好像聋人想要辨别声音清浊，那就更不可能了。于是，忠臣也就只能屈从奸臣，只能与他们相互勾结、蒙蔽君王，专营私利、迎合权臣。

如果法术之士奉献出法术之言，就能彰明君主的法律，防止权臣作奸犯科，从而保住君主的地位，保证国家的安定。但问题在于，试图让君主真正了解圣人之术，不接受权臣之言，全力按照实际情况以考察是非、审核言论，即韩非特别强调的“循名实而定是非，因参验而审言辞”，其实是非常困难的。

圣人治国，一定会强调，大臣们不是因为倾心爱护君主才为他效力的，而是不得不为君王效力。注意这个重大的区分，作为上级，人们容易有一个误会，觉得是因为自己魅力无穷、能力超群，所以下级仰慕他，全心为他效力。韩非一声断喝说，这绝对不可能。除非君王能够把大臣有力管住，大臣才不得不为他服务，否则君主不仅难以保住权位，更加不可能达到圣人之治。道理很简单。君臣关系，不像儒家所说的那样，“君子之事亲孝，故忠可移于君”，就是把侍奉父亲的孝顺，直接转移到君臣关系上面，忠诚地侍奉君王。为什么忠孝不能直接相通呢？原因也很简单，父子有血缘之亲，但是君臣却没有血亲关系。因此，君王只能够以“正直之道”来让臣下尽忠。所谓“正直之道”，首先是认法，然后是认势——只要君主牢牢把握住权力，全力把握住大势，那么君位就安全，国家就安稳了。

在韩非看来，可惜这些实际情况，在世之学者——实际上暗指儒家——那里，却不知道，这是非常遗憾的事情。他们只是一个劲儿高谈阔论，对政治三昧根本缺乏理解。所以韩非把这些学者之说称为“愚学”。“愚学”之所以愚，在于根本不了解治和乱的道理，一天到晚喋喋不休，劝人苦读古书。一个仅具这样才智的人，根本就不足以让国家避免灾难。但让人惊讶的是，他们并不为此感到羞愧，而且没有自知之明，反而还去非议有术之士。更加可怪的是，君主居然也听信他们的话，这就是更大的愚蠢。看起来都在谈论国家怎么治理，但实际上“愚学”所谈和法术之士所谈，差别巨大。两者相比，韩非非常自信，认为他自己跟“世之学者”的区别，就像蚂蚁之穴和高山峻岭的悬殊差异。在韩非看来，需要在上述两类人之间做出严格的区别，才能真正实行圣人之治。

圣人之治，必须能够制定明确的法律和严厉的刑罚，以制止社会的动乱，去除天下的祸害，使得民众再不敢恃强凌弱，再不敢以众暴寡，使得年老者可颐养天年，幼小者能够顺利长大成人，国家不受侵害。君主和大臣能够精诚合作，父子相互保全，而民众也没有性命之虞。这简直是功劳极大的一件事情。但是“愚学”之人不明白这个道理，他们认为这样治国等于是对百姓采取了暴力措施，是不仁不义之举。岂知战国时代不如此治国，就必定会遭遇亡国命运。按照“愚学”之人的治国理念，大约是宁肯亡国，也不行法术。秦国崛起的政治奇迹，充分证明法术乃是达到国家上佳治理的通途，只是当道的学者不情愿承认这一点而已。

“愚学”之人固执地认定，严刑峻法不能够达到治国的目的，唯有仁爱才能够实现治国的目标。但实际上这样的做法，恰恰是危害君主权位与国家安全的。法术之士倡导的严刑峻法，固然让民众讨厌，但是让国家得到治理；以仁爱来安抚百姓，轻徭薄赋，民众是很高兴，但是国家就危亡了。所以圣人依法治国，一定不会轻信社会流俗，否则就无法使天下遵守真正的道德规则。从政治的角度讲，这话说得非常中肯。人们一般认为，政治应当是讲道德的政治，把讲道德看得远远高于政治。但在政治的实际运作过程中，只有遵循政治和法律上的严格规则，人们才能真正讲道德，讲道德不能只是空谈德性。明确这一点，对按照政治逻辑治国理政是非常重要的。一个掌握治国大权的君王，如果被世俗之言淹没，不明白治国的政治逻辑，一个劲儿地空谈德性，怎么可能治理好国家？怎么可能不陷入身死国亡的危险境地呢？而世态恰恰经常是如此，这是令韩非痛心疾首的事情。身处这样的世道，所以才智之士很难扬名于世。韩非举出春申君的例子，说春申君有个爱妾，嫉恨正妻和他的嫡长子，于是挑拨离间，说无法侍奉他们两人，又诬蔑嫡长子侵犯她。春申君就把正妻废掉，又把儿子给杀了。韩非举这个例子是想说明，父亲听信谗言，竟然把亲生儿子都给杀掉了。可想而知，君臣没有这种骨肉之情，如果不赏罚分明，怎么能有效维持政治秩序，又怎么能治理好国家呢？韩非显然是拒斥儒家那种将政治事务转换成为血缘亲情关系的思路的。

按儒家说法，仁义惠爱对治国理政很关键。所谓仁义就是仗义疏财，惠及贫困；所谓惠爱就是同情百姓，不施刑罚。这样造成的治国理政后果，一定是对国家最不利的。试想，将仁义惠爱挂在嘴上，肯定会让口若悬河但无功之人得到赏赐；复加刑法不严，暴乱之人反而因此受到极大鼓舞。这怎么能实现治国的目的呢？为此，韩非断然指出，仁义惠爱对治国没有多大用处，严刑峻法才足以治国理政。如果不采取严厉的规则，没规没矩，即使是尧舜也治理不好国家。唯有以法术的赏罚机制，才能实现治国的目的。衡诸历史，伊尹、管仲、商鞅，正由此法，才让商汤王、齐桓公和秦孝公成就霸业。安民强国之道，在这种比较思路中凸显出来。君主与臣下如何有效合作，由此显出一个基本模式：君王任用忠臣，忠臣竭心尽力，国家长治久安，君主名垂后世。至于那些不为名利所动，不为赏罚所动的臣下，其实根本就不是什么忠臣，不过是无益之臣。在春秋战国时期，这种君主与臣下互害的事例，不胜枚举，因此必须让君王高度警觉才是。

韩非在《奸劫弑臣》一篇中强调的核心观念，就是君主必须提防臣下。而有效的提防方式，就是循名责实，并启动“法”“术”“势”治国之策，禁绝臣下作乱，以保生命安全与国家治理。这确实是可以归于驭臣之道的范围。但从政治的角度讲，一个君王如果缺乏起码的驭臣之术，对驭臣之道毫无醒觉，他还能治理好国家吗？韩非对君王如何驭臣的提醒，对君权与臣下各归其位，各自发挥作用的行权模式，是具有长久启发意义的。至于在探寻权力来源的前提条件下，让权力来源正当的同时，让权力分级分层发挥作用，国家首脑与普通官员都不再受生命与丢失权力的威胁，那只是在现代政治中才能落实的安宁状态。我们没有理由要求韩非必须做到这一点。韩非的考虑，是第一种基于行政过程的评估，这对君主与大臣各归其位，形成实施权力的秩序，是具有重要意义的。

第十五讲
国家灭亡的征兆

凡人主之国小而家大，权轻而臣重者，可亡也。简法禁而务谋虑，荒封内而恃交援者，可亡也。群臣为学，门子好辩，商贾外积，小民内困者，可亡也。好宫室台榭陂池，事车服器玩，好罢露百姓，煎靡货财者，可亡也。用时日，事鬼神，信卜筮而好祭祀者，可亡也。

亡征者，非曰必亡，言其可亡也。夫两尧不能相王，两桀不能相亡；亡王之机，必其治乱、其强弱相踦者也。

——《亡征》

从上一篇开始，韩非在对自己作为法术之士进言不利做了连番感叹之后，又回到了这部著作的核心主题，那就是君臣关系和国家治理的问题，力言法术能够成为治国法宝。这是因为韩非子考虑分裂的诸侯国家要想重归统一，依赖于一个强勉有为的英明君主，才有可能。这可以说也是时代使然的想法。

因为自东周以来，春秋五霸，战国七雄，已经让天下之乱久矣。乱局是因为中央权力失落所致，因此，恢复秩序的关键当然就是“礼乐征伐”的权力由谁来控制的问题。儒家也强调“天下有道，则礼乐征伐自天子出”，但天下无道，诸侯、大臣、陪臣都在掌握国家的命脉，问题就大了。使天下能够重归秩序，是春秋战国时期“务为治者也”的各家都在考虑的问题。只是韩非更集中地考虑到，从权力运作的绩效上看，君臣之间如何能够各归其位，君能够治国，臣能够尽责，君防止臣弄权，而臣能够辅佐君实现霸业。如果各归其位非常困难，那么诸侯国的权力轮替，经常不出三世五世，国家的灭亡就必定像走马灯似的。

为了有效避免国家灭亡，需要首先了解国家危亡的先兆，以期避免这类危机的出现。韩非向君王们列出了国家可能灭亡的种种征兆，希望君王们受此提醒而保有某种警惕性。韩非所列，可以说事无巨细，指涉四十七种情况，可见韩非考虑得非常周全。我们也可以就此思考，当今世界有二百三十多个国家和地区，为什么有些国家长治久安，而有些国家政权更迭频繁？

韩非列举的四十七种亡国征兆有哪些呢？第一种，君王的封国小，但是大夫的采邑大；君王的权力小，而大臣的权力大，那就可能灭亡。因为君臣是不能移位的。第二种，轻视法律禁令，致力于计谋诡诈，内政荒废，依赖外援。第三种，大臣不务正业，喜欢研究学术，卿大夫的嫡子们喜欢辩说。商人们都把财物放到国外，而小民们尚武好斗。第四种，君王喜欢修建楼台亭阁，热衷于车马服饰和珍玩器皿，使百姓疲劳困乏，浪费和榨取百姓财物。第五种，办事喜欢用占卜，以选择良辰吉日，敬侍鬼神，迷信，热衷于祭祀。第六种，君王只看职位高低听取进言，而不以事实来检验，偏听偏信一人的话。

第七种，官职可以用重金买到，爵位可以用财物来换取。第八种，君王性情懒散，柔弱不果敢，缺乏决断，好坏判断没一个明确的标准，做事也没有坚定的立场。第九种，君王贪得无厌，对眼前的利益讹诈性地去榨取。第十种，爱好华丽言辞而不合法度，不求实效。第十一种，见识浅薄，容易被人看穿，考虑不周却又乱传群臣言论。第十二种，性情暴戾，跟臣下不和，固执己见，不顾及国家实际，盲目自信。

第十三种，依仗外国援助而怠慢邻国。第十四种，寄居国内的外客和移居的游士，因为有大量的外国经济援助，于是他们向权贵刺探国家的谋略，向平民百姓阶层渗透，一个国家被另一个国家抽空。第十五种，人民只相信宰相，但是宰相的下属与他并不亲近，也不和睦，君主宠幸而不罢免他，这样整个官僚机器就不可能运转得起来。第十六种，君王对国内人才瞧不起，不加任用，反而去寻求国外的人才，但又不根据功劳来考核任用，喜欢根据虚名，这样就导致游手好闲之士、到处谋求富贵发达机会的人得到提拔和重用，凌驾于原来立下汗马功劳的大臣之上。第十七种，不重视嫡长子，结果庶出之子实力足与之抗衡，或太子未确定而君王已经去世。第十八种，君王狂妄自大、粗枝大叶而不悔悟，国家动乱而君主反而以为形势大好，不估量国家实力，却轻视敌对的邻国。

第十九种，国家弱小而君主又不设身处地考虑问题，兵力不足而又不畏惧强国，不讲究礼仪，轻易地去侮辱强邻，贪婪固执而又无外交手段。第二十种，太子已经确立，却又去娶强大敌国的女子，结果太子处境危险，群臣就会变心。第二十一种，胆小怕事，但是他又不加强防备，预知各种灾祸可能发生又心地柔弱而不去制止，知道事情是可以办得到的，但决定之后又不敢实施。第二十二种，君主逃亡在外，大臣另立了君主，太子在别的国家做人质还没有回国，于是另立的君主又立一个太子，这样就成了一个权力重复的国家，就可能分崩离析。第二十三种，凌辱大臣但又想与这些大臣亲近，严刑对待百姓，又想让他们为自己做事，人心已经疏远了，这些怀恨在心的近臣容易把君王推翻。第二十四种，大臣权势都很重，侧室公子力量也很强大，各自网罗党羽，在国内外谋求援助，争权夺利。

第二十五种，听信爱妾使女进的谗言，朝廷内外都感到非常之痛惜，但是君王还屡屡做出不合规矩的事情。第二十六种，对大臣轻视怠慢，对公子不讲理法，让无辜百姓劳苦不堪甚至遭到杀戮。第二十七种，不尊重国家法律，凭一己爱好，以为自己聪慧无比，随时就把国法改了，因为私行而扰乱公法，频频发号施令。第二十八种，国家没有积蓄而又轻易发动战争。

第二十九种，君主一个接一个地去世，幼弱的孩子继位，大臣专断，党羽很多，割地来维持盟国关系。第三十种，太子地位显贵，势力强大，又与很多大国结交，威势超过了君王。第三十一种，君王心性偏激而急躁，轻浮而容易冲动，一旦发怒就不思前顾后。第三十二种，君主易怒，动辄用兵，农耕与兵战脱节。

第三十三种，权贵之间相互嫉妒，大臣的势力非常之大，又仰仗外国恃强凌弱，劳苦百姓，以攻击自己的仇人，君主又不加惩处。第三十四种，君主没有德才，而兄弟贤能，太子微弱而其他儿子强盛，官吏懦弱而民众好勇斗狠，国家动荡。第三十五种，君王掩藏自己的怒气不发作，应当定罪又不进行处罚，让群臣暗生憎恶而忧惧不安。第三十六种，将在外不受君命。

第三十七种，出现二主。第三十八种，君主正妻地位卑贱，而爱妾地位高贵，于是太子就不如庶子；宰相权力轻，而近臣权力重，这样朝廷内外秩序就乱了。第三十九种，大臣地位非常尊贵，所有的臣下都跟随他，蒙蔽君王来独揽大权。第四十种，私门的官员得到任用，就是圈子里的官员得到任用，而真正有功劳的人得不到奖赏，反而遭到贬斥，这样也会灭亡。第四十一种，国家国库空虚，大臣们却家底殷实，国民贫穷而外国来的游士非常富足，种田打仗的人非常困顿，工商业者获利非常丰厚。第四十二种，君主看到很大的利益不去争取，看到祸事不加以防避，对战事见识浅薄，却用仁义道德来修饰自己。

第四十三种，君主不做到保国安民，却羡慕老百姓侍奉父母，将国家利益放到一边，听从母亲的吩咐，造成女人主政，宦官当道。第四十四种，君主有才能，但是不依照法律来办事，视法律为儿戏。第四十五种，庸人当道，贤才隐居。第四十六种，宗室大臣俸禄过高，高于业绩应得，享受超过了法律的规定，但君王也不禁止。第四十七种，君王的女婿和子孙与民众们同住在一起，却对民众傲慢，这势必造成民众的怨恨。

由上可见，韩非所罗列的上述四十七种情况，确实都可能导致国家灭亡。韩非的罗列，不说是详备周全，但起码是关乎权力运用的风险情形，基本上都有涉及。韩非指出，凡是治国理政中出现上述迹象，就会导致国家灭亡。但出现上述现象，一个国家不一定非亡不可，而是说可能走向灭亡。那么，出现上述现象，国家在亡与不亡之间的走向会是如何呢？关键就看君主有没有准备。就像两个好的君王不能互相称王，两个暴君也不可能相互亡国，国家的动乱一定是因为强弱治乱不均衡。这好比树木长了虫子，但没有疾风树木也不会折断；墙出现裂缝，但没有大雨，它也不会倒掉。因此，拥有万乘兵车的大国君主，如果有人运用法术，那么即使遭遇到风雨，也能够避免国家灭亡，而且还能兼并天下，实现宏图大业。韩非为君王辨奸进行的种种列举，可谓巨细无遗，简直就是一部辨奸百科指南。

第十六讲
君主的“三守”与“三劫”

人主有三守。三守完，则国安身荣；三守不完，则国危身殆。凡劫有三：有明劫，有事劫，有刑劫。人臣有大臣之尊，外操国要以资群臣，使外内之事非己不得行。

——《三守》

前文提及，君王不仅是韩非看重的，也是其他各家所看重的角色。只不过韩非强调的核心，是君王如何才能牢牢地把握住权力。为了让君主能够牢牢把握权力，不被王后、太子甚至是庶出之子与近臣篡夺，他奋力撕开政治温情脉脉的面纱，让人们看到了政治的实际操作，不过是一场场权力之争。这让那些觉得政治不应该是惨不忍睹的、反道德的社会行为的人，一定会对韩非极度不满。从道德的角度看，这种不满具有充足的理由，值得肯定，但这会遮蔽政治的真面目。揭示政治的真面目，让它看起来并不像德行修饰之下的状态，应当说对人类走向有规则的政治常态是有利的。否则，政治始终会在道德的庇护下疯狂弄权。因为仅仅依靠道德的力量，是不足以驯化政治的。在现代，这已经成为常识，以权力制约权力，是驯服权力的首要条件。尽管韩非离这一步还差之千里。

但就政治的权力之争言说政治，我们需要感谢韩非，他让我们看到了实际操作的政治，是多么惊心动魄，又多么让人感觉到“肮脏无比”。他将权力的相斥性揭露得非常彻底，权力是不能够由两个人，尤其是不能由君和臣分享的。如果说权力是决断，因而必须在“是”或“不是”之间选择的话，那么决断者一定是君王，倘若臣下僭行君主权力，整个权力体系就一定混乱不堪，君主身危，国家被灭。

一、韩非子的权力之思

如果不考虑现代人类的政治信仰及对政治的想象与期待，就不能不承认，韩非通过战国晚期的政治观察，抓住了政治世界最关键的问题——权力。但是韩非没有直接表达更高的政治期望，总是让人不满且令人遗憾的事情。

韩非并不是一味强调专制政治，与民争利。其实他也是重视“轻徭薄赋”政策导向的。只不过他不从社会底层考虑问题，他思考的是高端政治问题。因而，人们不能用基层政治的思维，去要求韩非充分表现他体恤民情的一面。同样，我们也不能要求韩非在考虑宫廷内外的权力之争时，必须以道德的眼光去衡量这种排斥性的竞争关系。这不是在政治世界中不给道德留下应有的位置，而是因为在政治世界中首先必须为政治留足位置。

对韩非的道德要求，可以说偏离了他思考的政治兴奋点，而以我们现代人对政治的想象去替代韩非的想象，又以我们的想象去评价韩非的设计，这是一个非常错位的进路。由于这个错位，我们就不可能去理解韩非的着力点在哪里，就可能把《韩非子》读偏了。沿着就政治论政治的思路，才可能同情和理解韩非的论述。他将政治说得很恶，但是可以确认，他说得很有道理。他所揭示的政治的“非成即败”这样一个绝对界限，我们至今不能掉以轻心。否则政治就成为离弃权力的非政治活动了，就丧失了政治的本质特性。

如果你不是一个成熟的政治思考者，不是“政治地思考政治”，而是“道德地思考政治”，不是以政治手段严格限定“依法治国”，来使它合乎“道德”规则，实现“轻徭薄赋”的政治目的，你就不足以理解韩非，可能读《韩非子》就没有收获。即使有所收获，也可能只是收获了满腹的愤怒。这是千古以来人们读韩非的一个基本陷阱，我们不得不尽力避开。以此阅读《三守》这一篇，可知韩非为何殚精竭虑、穷其所想地为君王掌握权力而构思。所谓“三守”，指的是君王必须恪守的三条最基本的原则。只要其中一条守不住，就可能大权旁落，甚至国家遭到灭顶之灾。

二、权力的“三守”

君王掌权必须信守哪三条基本原则呢？第一，当有人议论当道者的过失，处事的不当，甚至说他徒具虚名时，君主不把这些话深藏胸中，而泄露给他轻信的宠臣，那么，想进言的大臣，就不得不先迎合这些亲信宠臣，了解他们的心意，才敢给君王进言。这样一来，诚实、正直的人，见君王一面、获得进言的机会就很罕见，他们便一天一天地和君王疏远了。因此，君王会处于一种危险的状态，听不到想听的真话。因此君王必须要守住的第一条原则，就是要深藏不露。

第二，就是君王要独掌刑赏大权，并且在奖赏和惩罚之时，一定要注意原则。君王喜欢一个人，不独自做主奖赏他，而是等到众人称赞他才去赏赐他，这就会让自己受“舆论”的摆布；而君王厌恶一个人，不是乾纲独断去处罚他，而要等到众人非议他时，再行处罚，这也会让他受众人言辞的操纵。君主这么做，表面看上去是很有道理的，赏由公赏，罚由公罚。但其实这样一来，因为君王的赏罚都是听信他人之言的结果，自己就没有行使权力的权威性了。行赏与处罚的大权，就会落到左右近臣和亲信之人的手里。所以，在韩非看来，怎么对君主强调刑赏二柄不能够旁落，都是不为过的。这在《二柄》一章已经非常明确地提到过了。可见，这是韩非关于权力及其使用的一个基本原则。

第三，就是必须亲理朝政。一般亲理朝政是很辛苦的，千头万绪，不一而足，需要夙兴夜寐，艰苦劳顿。君王常常被这些国务搞得焦躁不安，心思不宁，就非常希望大臣们一同来处理。然而一旦如此，就大权旁落了，君主独自用权的权威性就很难树立起来了。一个没有权威的君主，他哪可能藏得住话呢？他又哪可能用得好权呢？一旦陷入这样的境地，君主被劫杀，也就没有什么令人惊怪的了。

所以，在韩非看来，守持三个基本原则，具有一种连贯性，不是一种选择性的信守。“三守”的关系很明确，具有一不守就三不守的特征。在韩非看来，守不住这三条基本原则，就会引发极其严重的后果，就会有他所说的“三劫”出现。

三、权力的“三劫”

“三守不完，则三劫者起；三守完，则三劫者止。三劫止塞，则王矣。”这是韩非对守持三个基本原则的极端重要性做出的关联性分析：守不住三者，三种劫难就会降临；守得住三个基本原则，则三个劫难就不会出现。一旦守住原则，止住劫难，治理天下，就在预料之中。

三种劫难指的是什么？按韩非的分析，第一种劫难他称之为“明劫”，说的是大臣专权，是朝廷内外之臣趋之若鹜，贤良忠臣也不敢不敬他三分。于是，臣下只忠诚于权势赫赫的大臣，不再忠诚于君主，不再为国思虑，如此，国家岂有不被灭亡之理？这就叫国家无臣之灭。无臣，并不是真正没有可用的臣下，而是因为臣下都效忠权势熏天的大臣去了，他们结党营私，将君主晾在一边。这就是“明劫”。

第二种劫难，韩非称之为“事劫”，就是办事方式不当遭遇的劫难。因为君主完全信任宠臣，对其言听计从，成则重赏，败则共担，大家众口一词，反对的声音完全被消音。如此一来，治理国家的事情怎么可能真正办得好呢？

第三种劫难，韩非称之为“刑劫”，就是施行惩罚方式不当导致的劫难。由于君主把系狱、禁令、处罚等本来应该出自君王命令的权力，让大臣一力掌握，君主便失去了惩罚大权。结果可想而知，人们便不会敬畏君主，而敬畏掌握生杀予夺大权的大臣了。

“三守”与“三劫”的直接相通关系，需要君主了然于心。如果君主对之不甚了了，就很难统治天下，君王不可不慎；假如三项基本原则都没有守住，那么殃咎立至。可见，韩非对君主紧紧掌握权力的利弊，有一个通透的理解。这与当今的领导学原理颇有相通之处：领导之为领导，就是因为握有决策与用人的两类重要权力；有之，是之谓领导；无之，岂能称为领导。古今差异仅仅在于，获得领导权力的方式，以及是否能和平转移领导权力。但在领导必须深刻懂得握权之道的基点上，古今并无太大差异。即便是领导在授权下属方面具有高超技艺，因而分权原则得到很好运用，所谓“分权留责”的说法，也让人们明白一个道理，领导是以握权在手作为分权前提的。否则，人们怎么还将他视为领导呢？

第十七讲
祸患起于亲信

人主之患在于信人。信人则制于人。

大臣比周，蔽上为一，阴相善而阳相恶以示无私相为耳目以候主隙。人主掩蔽，无道得闻，有主名而无实，臣专法而行之，周天子是也。偏借其权势则上下易位矣，此言人臣之不可借权势。

——《备内》

我们继续按照韩非的思路来阅读他的著作。韩非认为，君王如何能够把握住权力，掌握国政，实现霸业，乃是他是否能够治国安邦的关键问题。为此，他一再强调，需要高度提防受到宠信的身边臣子。但不管身边臣下如何琢磨君王，必定不是朝夕相处之人，因此一个臣下进不当言论，总会有其他的臣下发表相左或相反言论的机会。相比于臣下危害君权而言，君主身边的亲人，才是需要他打起十二分精神对付的人群。因为君主对“吹枕边风”的人、亲生孩子，才是防不胜防。韩非提醒君王，防好身边人，与防好臣下一样重要。

一、防备亲人和重臣

在《备内》这一篇，韩非强调了对维护权力来说最危险、最要警惕的地方。所谓“备内”，就是防备来自宫廷内部，也就是后妃嫡子们的挑战，即篡权谋杀。韩非这样一种断定，当然是出自他特别强调的人性自私——各利其利，没有公利。“备内”说的核心要旨是强调防备两种人。第一，亲人；第二，亲近的重臣。他说，臣下之所以服侍君主，不是因为骨肉之亲，而是因为形势所迫；臣下时时刻刻觊觎君主的位置，便是自然而然的事情。如果君主对之傲慢懈怠、视而不见，招来杀身之祸，就不会令人意外。相比于君臣关系，君主与妻子儿女的关系，非常亲近，相互之间也非常信任，臣下便可以通过与他们接近，来实现自己的私利。主父的饿死、申生的被杀，血淋淋的事实证明了这一点。因此，韩非强调，君主对妻子、儿子尚不可信，何况对其他人呢?!

如此一来，韩非又把政治温情脉脉的面纱，一下子给撕得粉碎，让人觉得惨不忍睹。这时，我们不得不提出两个问题。第一，我们能不能够拒绝政治生活？显然是不行的。三人为众，政治乃众人之事。只要有三者相聚，就会发生权威和服从的关系，维持权威和改善服从就是政治。所以人们是拒绝不了政治的。第二，政治是不是可以相当于德行行动？这也不行。政治和德行分流开来，有两种可能。一种是政治完全脱离道德的约束，那就变成赤裸裸的争斗，只有权谋、杀戮、酷压。另一种是让政治形成规则，让上下不要胡思乱想而安分守己，按规矩办事，从而保障政治秩序；对民众减轻徭役，以宽政为目标；但是以严苛的方式治官治吏，保障民众对政治的满意度。这样一种合乎“内得于心，外得于人”的中国式道德所求的政治，可能是更值得期望的。

二、人性的自私

人的恶性，也就是自私，与人的善性，也就是利他，本来应该是人类面对政治时同时存在的两个方面。但在理论上同时重视两者的关系，是很困难的。因此，对人性善恶，先秦诸子可以说各有偏重。儒家，尤其是儒家当中的思孟学派，把人性的善良推到了极致，让我们看到了政治和社会中，对利他所给予的希望的厚重感和可靠感。韩非则是把人性的自私推到了极致，他揭开了完全不同的政治世界人性黑暗的另一面。我们先不去评判这种揭示是有利还是有害，至少在对政治的认知上，对我们是有重大帮助的。我们必须基于这一点来读《备内》篇。这一篇强调君王面临的最大祸患，实际上就在于相信别人。这个所谓相信别人，应该解读为过分相信别人，而不能裁以己意，如此，他就势必会受制于人。

如前所述，臣下与君王没有骨肉之亲，服务于君王是不得不如此，是君王的权势所然。但实际上臣下随时随地想做的事情是什么呢？是窥探君王的心意，觊觎君主的权势。

作为君王，很可能对君臣关系有所警惕。但君主对妻子和儿子确实是容易信任的。既然事实显示，这种建立在骨肉至亲基础上的关系都不可信，难道没有骨肉之亲的关系还可信吗？这是从骨肉之亲和夫妻之亲的不可信，推论到君臣之间不可信。这样的思路，跟儒家正好完全相反。儒家特别强调，父子关系可以被复制成君臣关系。可见，从家庭关系推导出政治建制，无法绝对推出儒家式结论，也就是国家能够建立起像家庭那么固若金汤的关系。从家庭关系推出国家关系，首先确立了信任家庭关系，就会推出家庭式的稳定国家关系；如果不信任家庭关系，那么就会推出不可靠也不稳定的国家关系。韩非不同于儒家，他明确提醒大家，父子、夫妻关系既然不可靠，君臣关系怎么可能可靠呢？这就实际上阻断了儒家的家国同构思路。而且韩非提醒人们，思考家国关系，还存在不同于儒家的另一种思路。

基于这样的思路，韩非进一步分析，在拥有万乘兵车的大国和千乘兵车的中等国家，无论是后妃、夫人，还是太子，都非常希望君王早一点死。何以如此？韩非首先强调，夫妻之间没有骨肉之亲，相爱就亲近，不相爱就疏远。就像俗语所说，母亲宠爱孩子，就会把孩子抱起来；母亲厌恶孩子，就会把孩子扔到一边。男人五十岁还很好色，而女人三十岁美色就丧失了。后者服侍前者，怎么能不被疏远和轻蔑呢？因此，色衰的母亲的儿子即便已经立为太子，他也并不能保证继位，而且还一直处在岌岌可危的状态。他当然就希望君王早点死。君王一死，母亲为太后，儿子就是君主了。所以毒死君王这种事情的发生，便是可以理解的。《桃左春秋》（真伪无法考证）里记载，君王因疾病死亡者不到一半。这意思就是，大多数君王是遭到谋害而死。韩非提醒道，为利而生是社会的一个普遍现象，并不只是宫廷政治的特殊现象。因此，人们不应对亲情、协作抱太高希望，倒相反，应当对之高度警惕。

他举例说，王良喜欢好马，是为了让它奔跑；越王勾践热爱人民，是为了让他们战斗。医生替病人吮吸脓血，不是因为骨肉之亲，而是因为可以得到利益；造车匠希望人人富有，不是因为心地善良，而是希望车子因此可以畅销；做棺材的木匠，希望别人早死，不是因为有蛇蝎心肠，而是因为只有那样他的利益才能够兑现。这也是一种常常不上台面的“人情常理”。从这个道理来讲，韩非顺势推出一个关乎权力的结论，后妃、太子为什么结成党派，希望君王早死，原因很简单，不是因为憎恨君王，而是想把作为期权的权力立即变现。

三、君主的戒心

面对这么凶险的处境，一个英明的君主就应当谨言慎行，才能保住权位、保全性命、保卫国家。譬如，一个君主，应当不做未经查核的事情，也不吃那些不是按正常方式送来的食物；善于观察身边的人和事，并虚心听取远方的消息，比照审查大臣的言行，看他们怎么结党，听大臣说的话，明辨他们究竟有没有达到实效，审查办事的结果与大臣最初的设计是不是一致。“参伍之验”，在此就不仅仅是一种比较观察，而且具有行为观察的一般方法论意义了。

君王需要明白，士人不能侥幸得到赏赐，赏罚都必须与其行为相宜，奸邪之人就很难危害君主权位；而繁重的徭役让民众感到痛苦，也会催生官吏的权势，官吏有权有势后，徭役就更重了，民众就更厌烦了。这就会形成一个恶性循环。最终权臣就更会笼络天下，君主就会丧失权位。因此，君主全力削权保民才是天下长治久安的办法。可见，韩非并不主张对百姓残暴，而是主张只能由君主把握善施百姓的权力。他的政治主张，主要侧重点是治官、治吏之法，官吏安分守己，以法为教、以吏为师，那么整个国家就安宁了。

百姓安宁，大臣就很难弄权，威势就会被削弱，君王就有爱民之德。韩非举例说，比如，水能灭火是个常识，但如果锅隔在中间，那锅里的水烧干了，锅下的火还很旺，水就不能灭火了。掌管法律的大臣就像锅一样，如果隔断了法律禁止奸邪的通道，法律还有什么用呢？法律要防范一种倒错，就是刑罚只针对百姓，百姓感到冤枉却没处诉说，而大臣蒙蔽君主，相互传递消息，来褫夺君王的实权，让君王有其名而无其实。这样的一个颠倒，在韩非看来，就是周天子大权旁落的原因。所以

“备内”，君王不仅要防自己的妻儿，也要防重臣，杜绝他们借重君王的权势以结党营私。这是韩非从政治角度审视家国、君臣关系得出的与儒家大不一样的结论。这为人们从另一个角度来冷峻看待父子或君臣关系，提供了一个重要的思路。

第十八讲
“南面之术”的三大要领

人主有诱于事者，有壅于言者，二者不可不察也。

人臣易言事者，少索资，以事诬主，主诱而不察，因而多之，则是臣反以事制主也；如是者谓之诱，诱于事者困于患。

不知治者，必曰：“无变古，毋易常。”变与不变，圣人不听，正治而已。然则古之无变，常之毋易，在常、古之可与不可。

——《南面》

可以说，韩非为君王把握权力、操持事务、治理国家进行了相当周全的设计。韩非反反复复地讨论，实际上可以说是想说明两点：第一，君王处理好国务，不是一件轻而易举的事情；第二，君王要把握住权力，而又让权力发挥好的作用，同样不是一件轻而易举的事情。中国古代君主们听政时，是坐北朝南，因此一般把君王各种出神入化的政治领导艺术，称为“南面之术”。《韩非子》第十八篇《南面》讲的就是“南面之术”。其实南面之术是无法详尽叙述的，因为那是一事一议的高超技艺，是因应于情境的政治艺术。但把握基本的要领，是展现君主高超政治技艺的条件。

韩非在《南面》这一章当中，强调的核心就是关乎君主政治艺术的一些重要原则。第一，要讲究“明法”。第二，对臣下要循名责实，力求言行一致。第三，要因时而变，不要拘于古圣先贤形成的规制或传统。

一、明法

首先，韩非高度重视“明法”。简单讲，所谓“明法”，就是依照明面上的法律与规则做事。一个君王，很容易犯一种错误，即对委任的官员觉得不可信，认为一定要有人监督，他才可能会忠心耿耿做事。于是，他会另派遣一位没有正式职务的官员去监视已经任命的官员。而监视官员与正式官员对一件事的说法可能正好相反，那么君王反而会受制于非正式委任的那个人了。这种情况，在日常生活中是可以理解的。一个人在决定一件事的时候，总想多听几个人的意见。但以不信任的态度对待第一个人，也就会以不信任的态度对待其他人，结果到头来他都会受制于人。更为重要的是，那个监视别人的人，也可能就是先前受到监视的人。这样，事情就更为复杂了。监督来监督去，不知道监督谁了。一个君王如果不能修明法律，靠这种手段来防止大臣擅权，来保障臣下的忠心，那么会造成什么结果呢？那一定是无谓的权斗。

一个君王舍弃法律，用大臣防备大臣，交好的大臣就会相互勾结，相互吹捧，损害君主权威；如果是关系不好的大臣，就会以权斗方式相对。吹捧与恶斗纠缠在一起，君王就没有办法弄清楚真伪是非了。韩非指出，一个大臣，没有好名声，他就一定会想方设法集聚声名，求取升迁；如果大臣只有靠背弃法律才能建立起权威，他就一定会如此行事；而大臣逃避禁制最好的办法，常常便是假借忠信的名声。这是大臣蒙骗君主的三种基本做法。

因此，韩非特别强调“明法”的重要性，就是君主要能够让大臣既发挥才学能力，又不违背法律。按今天的说法，即法律一定要高过人事，法治一定要高于人治。

同时，即使他们有贤良品行，也不能违规赏赐；有忠信的品德，也不能身处法外。

二、循名责实

在陈述了“明法”原则之后，韩非进一步强调，君王在具体处理事务的时候，由于可能被事情的表象迷惑，被各种言论搞得晕头转向，因此必须注意循名责实，将言与事参验比较。在施政的过程中，有些大臣希望得到做事的机会，因此议事的时候，总是把事情说得轻而易举，不足挂齿，断言花费很少，以此来欺骗君主。君主觉得少花钱、多办事，那简直是世界上最好的事情，因此很容易不加考察而受到迷惑，并且称赞这样的大臣。结果，大臣反而用这样的做事方法控制了君主。这样的不诚信，其实是有罪的。即使是做事有功，也不应该加以奖赏。如此一来，群臣就不敢欺骗君主了。

韩非强调，循名责实，有两个基本要领，君主一定要把握住。其一，就是衡量大臣早先说过的话和以后做的事，究竟一致不一致，或者后来说的话与先前说的话是否一致。如不一致，有功也必须惩罚。否则，君主就会受到大臣的言语蛊惑，大臣们也就习惯于用真假莫辨的话蒙蔽君主。如此一来，君主不受制于大臣才怪。

其二，就是让大臣必须负起进言的责任。首先，进言不能有头无尾，不能缺少证据，否则要追究责任。其次，对那些拒不进言，保持沉默的人，一定要询问他的取舍态度，让他们负起进言的责任。这样就避免了两种情况，一种就是敢言之人信口胡说，而不敢言之人保持沉默。说话也好，沉默也好，都得负起责任来。

君主想做一件事情，在没有了解事情头绪及后果的时候，就暴露了意图，他不仅可能做不好这件事情，反而会招来灾祸。原因很简单，遵循法则，去除私欲，事情才能做成。做事有原则，计算下来可能获得很多好处，付出的代价又很小，这件事才是可做的，君王一般都应该明白这个道理。但是昏庸的君主常常是做不到这一点的，他只算计可能得到的好处，并不考虑要付出的代价。即使付出了高昂的代价，因为没有深明于心，没有敏锐的分辨能力，所以竟然不知道是有害的。

需要确定的是，事实上收获很多，付出很少，那才能叫作功绩。如果花费很大，又不受责罚，而有些微小收获，就得到赏赐，那么大臣们就会花费很大的代价去追求小小的成功，这对君主显然是有害的。韩非几乎有一种手把手教会君主如何衡量决策得失的冲动了。

三、因时而变

君主统治术的第三个重大要领，是因时而变。韩非指出，根本不懂得治国道理的人，常常告诫君主，千万不要改变古来就行之有效的办法，不要轻易去变动社会风俗。这对君王治国是一种来自传统的压力。但君主应当具有一种大无畏的精神，只要能够把国家治理好就行。这显然是一种结果主义的思路。不过，君主握权按照自己的判断去做事，确实是非常不容易的。犹如当下保守主义者也会如此劝告人们，轻率地改变古圣先贤的一定之规，轻易地挑战社会风俗，是不值得提倡的贸然做法。但对一个英明君主来讲，以结果为导向是需要肯定的做法——只要能把国家治理好，那就要斩钉截铁去实行。古法不被改变，社会风俗不变异，国家是不可能治理好的。中国历史的变迁和圣人之治已经证明了这一点。伊尹不变更殷人的旧习俗，姜太公不改变周人的社会风俗，商汤王、周武王能统治天下吗？如果管仲不改变齐国的旧法，郭偃不变更晋国的社会风俗，齐桓公、晋文公能称霸诸侯吗？所以韩非强调，人们常常认为改变古法是非常困难的，也怕改变习俗，是因为日常生活总是在不经意之中，形成了一股惯性，一旦惯性中断，人们就惊慌失措。

不与时俱进、因势利导，那就是因袭乱世的遗迹，而一味地迎合民众，那是纵容奸邪的行为。一个英明的君主必须要能够勇于变革，而不能太过软弱；必须拿出威严，能够保证政策的执行。这样即使违背民意，也能够确立自己的治国之策。所以在变法的时候，必定会遭遇挑战。像商鞅变法时，出入都有警卫保护。郭偃在晋国变法的时候，也要有卫队来保护。管仲治理齐国时，齐桓公随时都有武装兵车做随从。原因是什么？要防备民众不适应这种状况，而犯上作乱。一般而言，百姓总是为了小量的费用愁苦，忘了经过变革可以得到更大的利益；他们总是惧怕小小的变更，而宁愿失去长期的便利。必须要打破规则，痛下决心，真正地变革一场，才能够实现宏图大业。这可以说是中国古代的一首变革激励曲。倘若韩非对君主变革可能出现的肆意妄为略有提点，那可能就更像健全的变革哲学了。

第十九讲
重律法、破迷信

古者先王尽力于亲民，加事于明法。彼法明则忠臣劝，罚必则邪臣止。忠劝邪止，而地广主尊者，秦是也。群臣朋党比周，以隐正道，行私曲而地削主卑者，山东是也。乱弱者亡，人之性也。治强者王，古之道也。

禁主之道，必明于公私之分，明法制，去私恩。夫令必行，禁必止，人主之公义也。必行其私，信于朋友，不可为赏劝，不可为罚沮，人臣之私义也。私义行则乱，公义行则治，故公私有分。

——《饰邪》

读《韩非子》读到这个光景，我们已经明确知道韩非讨论政治问题基本上是围绕着国家权力的有效运转来展开的。他既不是围绕习俗，也不是围绕远古政治传统，更不是围绕儒家那种道德规范来思考政治的。如果从值不值得、应不应当、善不善良这个角度来考虑，就很难接受韩非的说法。但是从权力运转的角度来考虑问题，那么韩非的很多说法，对整个战国晚期恢复政治秩序，还是发挥了很重要的推动作用。

这一篇《饰邪》，主题就是整饬奸邪。所谓奸邪，内容很多，比如，中国远古政治就形成的传统，卜筮政治、星象政治，统称为迷信政治。这个传统根深蒂固，直到今天，找人算命的重要官员、社会名流，也不在少数。在中国古代政治中，就存在着宁信卜筮星象，不信政治规则和依法治国的普遍现象。另外，政治中存在的很多歪门邪道，都必须力加整饬，才能治国安邦。

一、卜筮的危害

在具体的政治操作中要整治的奸邪，是很多的。这在之前已经列举过，比如，小忠、小智，放弃法律而进行智慧的竞争，随便赏赐人而不认法，放弃公义而行私心等。在这一篇中，韩非试图整饬的，首先是中国远古政治流传下来的卜筮政治。人们一般相信，只要靠炙烤甲骨形成的裂纹，就可以知道事情的凶吉。但占卜实际上是不可靠的。当初赵国占卜决定是否攻打燕国，得了大吉的结果。于是赵国攻打燕国，但因为秦兵进击，赵国反而受到攻打，设防的城市悉数陷落。可见，战国占卜的大吉，并没有给国家带来好运，占卜没有预见到攻打燕国的后果，但秦国攻打赵国本是可以预见的。大吉的占卜，反得了个大凶的结局。占卜不能帮人预知战争的胜败，星象的左右位置岂能帮助人们决定战争的胜败呢？

试图依靠占卜决定国事，犹如想依靠一两个人就振兴国运一样，都是不靠谱的想法。剧辛到燕国做官，位居将军的高位，成为一个重要的政治人物。结果他没有获得战功，燕国的社稷还出现危险。邹衍是一个将五德终始的神秘主义作为政治行为根据的人。他也到燕国做官，也没有建立功勋，反而让燕国国运断绝。对国家运势来讲，某个人靠不住。占卜当然也靠不住。赵国本来在战争中战胜燕国、齐国，以为自己能对抗强秦。这哪是占卜对赵国很灵、对燕国不灵的结果呢？赵国占卜的结果是大吉，结果大败。占卜之不能决定国家大事，由此可见一斑。诸侯国家在打仗，不断地用占卜的方法来预测吉凶，但结果都不好。事实上是因为什么？西边一国的秦国对东边六国的燕、赵、韩、魏、齐、楚等，愈战愈强。这不是因为秦国以占卜的迷信政治来治国，因此所占必灵，而其他国家所占不灵，与星宿的位置在东在西没有任何关系。

因此，韩非得出结论，占卜、星宿是不能够帮助人们谋划战争的。凡是依靠这些来预测战争胜败的，那真是愚蠢至极。真正要使国家有效得到治理，最关键的是要亲民、明法，这正是秦国得以强盛的道理。相反，群臣相互勾结，而让正道受到遮蔽，举国上下都谋取私利，国家君主权威被削弱，国家的危亡便很难避免。这恰恰就是东边六国的基本状态。

韩非讲，就人类社会的固有特点来说，社会动乱，国力衰弱，国家就会灭亡；社会平治，国力强大，国家就称王称霸。在寻求国家强盛的过程中，需要认法，不要迷信。越王勾践当初就靠占卜决定去跟吴国打仗，结果不仅没有取胜，自己还不得不亲身侍奉吴国。后来回国后，他抛弃那些占卜的迷信政治，专事治理、修订法律，爱护人民，最后得以报复吴国，反而擒获了吴王夫差。

韩非就此得出结论，依靠鬼神政治的国家不可能重视法律，因此也很难成为强国。韩非的祖国韩国，国力不强，依靠大国，君主也不勤于为政，如此这般，韩国灭亡得更快，他简直为他的祖国忧心如焚。观察战国时期诸侯国家的兴衰起伏、国存国亡的史实，韩非认定，必须明法禁以治国，国家才有望强盛。如果以为依附强国就可以治理国家，反而会毁掉国家。

韩非看到的战国时期国家间竞争的严重问题是什么？第一，诸侯总是想依靠别人扩张土地。第二，诸侯王确实想保全国家，但以为不修明法律也能达到这一目的。韩非认为这些都是幻想。一个国家如果真正修明法律，那么地盘可能狭小，但却可以很富裕；因为赏罚都很谨慎和明确，人民即使为数不多，也可以很强大。假如赏罚没有标准，国土虽然很广大，但军队没有战斗力，那么土地和人民都会丧失。何以会出现如此悖反的现象呢？那就是因为治国必须循守的原则，一旦被遵守，就会有令人惊喜的结果；一旦被违反，国家就很难维持，就会陷入倾覆的危机。

二、治国的原则

韩非就此强调治国的一些重要原则。他认为，一个国家有可以保证执行的法律规则，即使面临危险，也不会遭遇灭顶之灾。只有法律，才能整治奸邪，维护秩序，防止大臣用花言巧语、私心才智来作奸犯科，侵害国家根基。据此，韩非将治国的奉法原则作为首要原则。他认为，在治国中，一定要使妨碍法律的各种因素被有效遏制，一定要使迷惑人的巧智才能被扼制。他举例说，当初舜派一个官员去疏通水道，命令还没到，那个官员就行动了，事实上水道也疏通了，结果舜却把他杀掉了。为什么呢？因为那个官员不守规矩。禹在会稽山会盟诸侯，防风国的国君故意迟到，禹就砍了他的头。原因在哪里？因为防风国君主不遵从命令。遵从命令，就像铜镜不摇晃，成像非常清晰稳定，美丑立显；就像一杆秤，保持端正而不抖动，是轻是重，也就会得到很准确的呈现。因此，一个圣明的君王，一定要把法律作为根本。正是因为如此，韩非进一步强调，在治国中，必须要杜绝大臣释法禁而听请谒。

在韩非看来，君王之道，一言以蔽之，绝对禁止超越法治施展才智。在这一点上，君王一定要搞清楚，依靠区分什么样的界限才能做到——韩非强调明主之道，必明于“公私之分”。明法制，去私恩，这就是严于公私界限。公在何处？公就是法治之公。私在何处？私就是人臣之私。对于臣子来讲，他既有公心，也有私心。人臣之私心，驱动他想方设法满足自己的私利；人臣之公心，促使他提升道德境界，努力为官，公事公办。此“公”，当然不是现代的“公共”，而是不侵害国家根基之公。说起来，其实是君主所身承的国家之公。所谓天下之大公，乃天下之至私，就是指的这一点。但即便如此，大臣如果不为君主的国家着想，国家消亡，人臣与民众也就无所依托了。就此而言，君主、大臣与民众相加之“公”，也胜于人臣之“私”。

背公而私，君臣异心，国家处境就危殆了。试想，君主和大臣如果是以利益计算来打交道，国家之公还有什么人维护呢？国家岂不就危险了。为了避免这一严重状况的出现，必须要立明赏以劝之，严刑以威之。这时，不仅大臣会为国尽忠，更重要的是人民也会为之而奋勇努力，甚至奋不顾身。否则，兵弱主悲，国家就非常危险了。所以，在韩非看来，公私不可不清清楚楚地区分开来；法律的禁令不可不慎重加以对待。追求霸主之业的明君，更应该懂得这样的道理，才能够保护住自己的江山，不至于大权旁落。

第二十讲
对老子的借鉴：从“道”到“术”

夫缘道理以从事者，无不能成。无不能成者，大能成天子之势尊，而小易得卿相将军之赏禄。夫弃道理而妄举动者，虽上有天子诸侯之势尊，而下有倚顿、陶朱卜祝之富，犹失其民人而亡其财资也。

——《解老》

邦以存为常，霸王其可也；身以生为常，富贵其可也。不欲自害，则邦不亡，身不死。故曰：“知足之为足矣。”

——《喻老》

读《韩非子》，可能会有一个比较鲜明的印象，那就是韩非总为君主操权而竭尽心力。看他的一系列设想，我们内心对韩非可能会有些蔑视。他不过就是把一些权术归拢在一起，写了一本无甚高论的“君主权术大全”而已。那么韩非是不是对于君王之术、法术之士治国的要领，就真的只是在操权的层面上或在保障君臣各归其位、各安其分、各司其职这些具体的事务上下完了功夫呢？如果是这样，确实可以说韩非卑之无甚高论。

那韩非何以会成为中国历史上洞穿政治隐秘的第一人？难道我们的思想先行者的智力水平就这么低吗？非也！韩非的《解老》《喻老》两篇作品，可以说把权力问题的深层问题给表述清楚了，这将使我们对韩非仅仅只会讲权术的印象，大为改观。

韩非通过这两篇作品，将自己的权术论述、治国基本理念，与道家哲学，尤其是老子哲学紧紧联系起来，从而在自己的创造性解释中凸显了政治操权背后的政治哲学。

道家创始人老子，是非常有智慧的人。老子的身份已经不可能非常明确地落实，但是其中一个身份是比较可信的，就是他曾任周朝的太史。确实，从《道德经》五千言来看，不是做过人官的人，很难具有那种透观政治的能力。老子深刻地发现，在君王“南面之术”的背后，还有更深刻的政治哲学；在政治哲学的基本道理背后，还有更深刻的大化流行，即宇宙的根本道理。而这一系列根本道理逐层下降，让人们能够观察到世界面目、人性真相；观察到世界面目、人性真相之余，进而观察到政治真相；观察到政治真相之余，准确地理解权力操作的艺术。因此，“术”，因为它的出神入化，其所包含道的含义，便会呈现出来。“术”之为“术”，限于具体做法的层面。“术”背后的“道”，才是透视各种各样的“术”及其要领，并将之统揽起来的精神宗旨。

这样，老子五千言就把韩非的君王操权之术的层次，提升了不知多少倍。据传说，作为太史官的老子对当道、对现实，失望至极，对政治局面重归秩序完全不抱信心。因而他挂冠而去，骑牛出函谷关。结果，因为关令尹喜的阻拦，认为一个这么有学问的人，竟然想躲起来。他对政治的三昧洞若观火，竟然想就这么走了，那实在太可惜，因此他决意不放人。关令尹喜要求老子把他对政治、世事、人性、宇宙最根本的道理的理解写下来，才放他出关。据说老子是奋笔疾书五千言，然后出关，从此不知所终。以老子对官位的轻视，对世事的洞明，对大化流行的理解，他真是个有大智慧的人。

有传闻讲，孔子曾经向老子请教。此事儒家不服，说是道家编出来贬低儒家的一个说辞，那么我们姑妄听之。但通过这一传闻，也可见周史官是真正洞察历史、了解古今，在人事之上透察世事，在世事之上透察万事万物端倪之人。以道观之，万物有什么差别呢？老子在“道”的高度来总结政治运作的过程，那政治确实便是小菜一碟，法道而“治”，天下岂不可以运于掌上？

韩非读《老子》，可以说深得其中三昧。《解老》主要是根据老子的原话进行解释，《喻老》则主要根据历史来发挥老子的见解。两章指向不同，但是旨趣一致。基本宗旨就是根据老子的指引，透察政治的根本问题，对政治的基本规范、政治统治技术背后的基本法则，加以揭示、论述和界定。

这就使得韩非确确实实不同于当时一般的法术之士。后者总是只做一个对策之士做的事情，以“术”说“术”，因而流于肤浅。以“道”说“术”，才能够显示出深刻性。

但是由于这两篇不仅是解释文本，而且进行历史发挥，一一分析不太可能。因此，对于这两篇，我们在对韩非与老子的关系做一个概观之后，可以举例来看韩非究竟重视老子哪些智慧，发挥了老子关于政治、社会、人生、宇宙的哪些基本哲学道理，并如何用以观察、分析、透视战国晚期的政治事项。

一、对道、德、仁、义、礼等概念的深刻剖析

在《解老》篇里，韩非主要是通过《道经》《德经》共十二章，对一些重要命题进行了解释。首先，韩非通过对老子所言的一些基本命题进行解释，来揭示法术之士为何要向君王进言、改变其依赖左右亲信的局面，从而保证国家得以治理。他首先涉及的基本概念，就是春秋战国比较流行的概念——“道”与“德”。

在韩非看来，“德”一方面是内在的本质，即道德的“德”；另一方面同“得”，意思是从外界获取的东西。韩非强调，最高的德性是不向外索取的。具有最高德性的人，他的精神也不受外物的影响，不受外物的浸淫。因此，他的精神能够更加完善。所谓品德完善，就叫作有德性。因而，它与利是无关的，它不寻求得到什么利益。

如果一个人寻求外物，他的道德也就不稳固了。不稳固，他就不会成功。一个人无休无止地索取，是破坏德性的最重要的原因。所以“上德不德，是以有德”，意思就是最高的德性是不向外求取的，因此才有德性。“上德之德”既然不假于外物，那么它的基本状态是什么样的？老子也启发了韩非的思考：那就是“上德无为”，真正具有“上德”的人，是把“虚静”作为目标追求的。

所谓“虚静”，就是心意不受外物牵制。如果受制于追求虚无本身，那也不是真正的虚无。唯有取法于“道”，无所为而无所不为，这样才能真正达到“无”的境界。所以，韩非说，“上德”是无所作为的，但是无所作为却无所不为。无为而无不为，是上等的德性最鲜明的状态与标志。

还有一些基本概念，自春秋以来就很流行，比如，“仁”“义”“礼”。韩非认为，“仁”就是满心喜悦地爱人，希望别人获得幸福，厌恶别人遭到灾祸。在这个意义上，其最高的境界称之为“上仁”，就是只是为了人而不是通过人来达到自己某种具体的目的。

什么叫“义”呢？韩非明确地解释说，“义”就是拟定君臣、上下、父子、贵贱差别的概念，拟定分别亲疏内外原则的概念。大臣们侍奉君主要适宜，下级侍奉上级要适宜，儿子侍奉父亲要适宜，卑贱的人尊重高贵的人要适宜。“义”，在中国古代有一个通常的解释，即“义者，宜也”。义，就是适宜。适宜的最高层次就叫“上义”。

什么叫“礼”呢？在韩非看来，也很简单。所谓“礼”，不过就是人情的外在表现，是各种适宜关系的一种制度化情形，它对各种社会状态加以规定。所以，“礼”实际上是通过外部礼节表达内心感情的一种方式。

普通人行礼，可能是为了向别人表示尊重，君子行礼则完全是基于自己的修养。他专心致志，所以成为最有礼节的人，老子特别强调，普通人行礼的时候可能是三心二意，但“上礼为之而莫之应”，就是最有礼的人行礼，可能没人响应。为何如此呢？因为他对“礼”专心致志，行礼就是为“礼”而已，而不是刻意去追求人的响应。

至于道、德、公、仁、义、礼之间的关系，呈现为老子所说的“失道而后德，失德而后仁，失仁而后义，失义而后礼，失礼者，忠信之薄而乱之首”。这其实就是把崇奉仁义礼智的儒家学说，视为一种历史退化的结果。由此可见道家对儒家的轻蔑，或者说认定儒家守持的基本理念不过是乱世之果而已，并不是那么珍贵的价值观念。这样的看法，影响了韩非的历史退化观，也影响了韩非对儒家的态度。

“礼”是外在规则。如果过分讲究外在规则，就会导致社会秩序的混乱。“礼”，本来是发自内心而表现于外的，但随着礼制的发展，逐渐形成一套繁文缛节，反而表明礼制的内心约束力下降了：信守礼制，不是发自质朴的内心，而是受制于外在规则。而礼制的繁文缛节越多，“礼”就越得不到遵循。所以，老子才说繁文缛节之礼，就是忠信之薄、乱之首矣。

在这个意义上，韩非特别强调，要见识“道”的真相、“道”的本来面目，依据“道”而适当地行为，千万不能有“前识”。所谓“前识”，就是观察事物、探究事物之前，就有了难以变动的观念，就预制了行动，这就是人们熟知的“先入为主”。韩非举例说，詹何坐在家里，弟子在旁边侍奉，外面有一头牛在叫唤，于是弟子就猜测那是头黑牛，但额头是白色的。詹何说，不，这是头黑牛，但有白色的东西在牛角上。再派人去查看，果然是头黑牛，而且有白布缠在牛角上。这种传奇，一般很能打动普通人，觉得詹何这样的人简直是神人，对其佩服得不得了，都想找他预测未来。其实，这种“前识”真的没有任何意义，徒为伤神。须知那牛究竟是白牛，还是黑牛，一个小孩去看看，就立刻知道了。这有什么神秘之处呢？

“前识”，不过是一种虚识，一种愚昧的表现，不符合“大丈夫”精神。“大丈夫”精神，指的是智慧广大。智慧广大的人，情感淳朴，绝对不拘泥于表面的礼仪；同时对“祸兮福之所倚，福兮祸之所伏”的复杂状态有充分的了解，真正能够做到“缘道理以从事”，以依循道理想问题、办事情，且不受人迷惑，不陷入迷执，不陷入迷狂。这样才能够真正办成事情，拒绝过度偏执于某些东西。

圣人，是倚靠神明来办事的。神明办事，是一定要秉承节俭精神的。节俭，不是因为财物匮乏，不是因为无物可用，而是因为要遵循道理，因此不奢靡浪费。如此这般，就能真正办好事情。

在这个意义上，圣人是完全明白治人的道理的：他的思虑一定要宁静；他也明白侍奉天的道理，就是五官要虚静。先入为主之见太重，你就不能遵循道理来办事情。遵循道理来办事情，就能够积德。只有重视积累德行，精神才能安宁；精神安宁，仁和之气才能增多，考虑事情才能得当；考虑事情得当，才能够把握万物；把握万物，战争才能取胜；战争能取胜，理论就能够说服人；理论能够说服人，还有什么不能成功的呢？

韩非认为，在老子那里，把握住了治国“缘道理以从事”的根本要领，就能够做到“治大国者若烹小鲜”。治理大国，就像专家的工作一样，关键在于精，而不在于粗；在于明，而不在于巧；在于法律，而不在于利害。如果一个工匠不断地变换技巧，一个耕作的人经常迁徙，那就浪费了前半部分的劳作。在这样一种情形下，一定要知晓，治大国必须稳扎稳打，稳稳建基于法律之上。不能让法律随时变更，让民众感到痛苦不堪，无所适从。

所以，有道之君，对内是恩惠于人民，对外不与邻国结仇。这样，国家就能够很好地得到治理。君王们一定要清楚，千万要守持住这些基本道理，千万不要欲望太盛，又不知足。可欲可利的、各种奢侈的、过度的想法，一定会让君王体会到败亡的痛苦。圣人治国也应该如此，不要总是想为天下之先，反而应该不为天下先，才能成大事。这就是大道。

韩非在《喻老》篇用很多历史故事，说明了同样的道理。可以说，韩非确确实实通过探究老子的《道德经》，深刻地领悟到了政治的具体操权背后还存在根本的道理。韩非的法术之治，并不是对权术的简单罗列与推崇，而是有一套深刻的哲学理念支撑的。

第二十一讲
如何妙用案例打动君主

箕子谓其徒曰："为天下主而一国皆失日，天下其危矣。一国皆不知而我独知之，吾其危矣。"

——《说林上》

桓公问管仲："富有涯乎？"答曰："水之以涯，其无水者也，富之以涯，其富已足者也。人不能自止于足，而亡其富之涯乎。"

——《说林下》

韩非对帝王之术有了一个上升到"道"的角度的考虑，这可以说是一种理论准备。这让韩非与所谓法家先前创始人物——申不害、慎到、商鞅等有了重大的区别。他的论述不仅仅是一些"做法"而已，它更提供"说法”，一旦上升到《解老》《喻老》的高度，就让这些“说法”更显得生动，具有深刻性、系统性，把政治操权、治国霸术这些形而下的东西，直接提升到形而上的层面，从一般的政治问题提升到政治哲学的问题，甚至上升到宇宙论的问题。有这种洞察力的先秦思想家，显然为数不多。所以我们可以理解，秦始皇为什么一读韩非的著作，发出如此的惊叹：“寡人得见此人与之游，死不恨矣！”这句话我们已经说过多次，大家也许印象深刻。

一、用事实、案例游说的重要性

韩非在帝王术的理论上有一个如此深刻的总结和归纳，是不是就能保证他能够以自己的文章或者论说去打动君王，尤其打动秦始皇这些具有雄才大略的人物呢？如果是这样的话，老子可能就不成其为隐士。而老子成为隐士，实际上暗示了，高妙的哲学论说虽然能够洞察政治的隐秘，但是未见得能够切中帝王的需求。所以韩非有另外一手，使他的一系列论述的现实性品格大大提升。

韩非对政治史有深入系统的了解，这使他能够为自己的进言准备好精致、到位且打动人的材料。千万不要小看游说君王过程开始之前准备这些材料的重要性。君王们在理论和事实巧妙结合的论述招数面前，很难不被打动。《说林》上、下两篇就是韩非收集、整理的历史故事和民间传说，是他为游说君王准备的坚实材料。他以此来让自己的游说变得“贴地运行”，就君王的现实需要来说，非常具有针对性。

《说林》跟韩非此前的其他篇章相比，在理论上当然是无法媲美的，它不过是将一个个小故事串联起来，篇幅虽然不小，但是并没有总结出一个政治上操权的基本道理，更没像《解老》《喻老》那样，把自己对政治的观察与老子的哲学高度扣合起来、呼应起来。但是也不要小看了《说林》篇中所列举的这些小故事。以小见大，最能打动人心，尤其是打动被权力弄得晕头转向的权贵。这在现代社会也是一样。一个写高头讲章的学者，是很难有效打动权力高层的。权力高层可能欣赏学者在学术上对政治的论述，但只有那些既能够在政治理论或者政治哲学上自圆其说，具有强大的逻辑力量，而同时又能把这些基本理论深深扎根在实际的政治生活、实际的权力操作过程，并且这些实际权力操作过程具有现实效果的论说，权力高层——对韩非来说也就是君王，才会被打动。所以，政治游说，一定需要理论和事实两种力量。按照《史记·老子韩非列传》索隐的讲法，“《说林》者，广说诸事，其多若林，故曰《说林》也”。就是涉及政治的种种事项，都被论及。那就像海洋一般，一望无垠，让人感觉到其深不可测，在其中只要取一瓢水，就可帮助提高君主行使权力的水准。因而《说林》在《韩非子》这部著作里也不可轻视。下面举一些韩非总结的历史故事，看他阐释了什么问题。

二、商汤禅让的真相

第一个故事，商汤王伐灭夏桀之后，考虑到毕竟是臣下杀君王，天下人可能在背后说自己篡夺大权，于是提出把天下让给当时非常有名的一位隐士务光，但其实内心又非常担忧务光真正接受禅让，那就弄巧成拙了。于是他派人去游说务光，告诉他，商汤其实不是想传天下，而是想把杀君的恶名传给你。务光一听，只好投河自尽。这其中包含两个重大的道德性颠覆。商汤王杀掉纣王，虽然儒家解释为“闻诛一夫纣矣，未闻弑君也”，说明儒家是支持诛杀暴君的。但这仍然是一种儒家没能有效解释的、自相矛盾的说法。臣下必须服从君王，即使君王暴戾，也不能行私刑把他杀掉。一旦大臣起来杀掉君王，那就颠覆了儒家的君臣伦理：商汤王确实是英明君主，但英明的君主不一定就是值得称颂的人，无论怎么说，登基的英明君王与得位的造反杀君之臣，很难在儒家伦理上被毫无矛盾地统一为一个人。与此同时，还存在第二个颠覆就是禅让，这个在中国被儒家称颂无比的政治手段，很可能是一个假招式，是为了维护权力的虚晃一枪。在位君王真正站在道德高位，光明磊落、大大方方地将权力转让给贤明臣子的事，是很难想象的事情。

三、官员利益的最大化

韩非真是通过历史事件把政治看得很透。关于任用官员，韩非也举了一个事例，来说明官员如何追求利益最大化。秦武王命令甘茂在两个职位中间选一个，一是太仆，一是行人。太仆掌管君王的车马，行人掌管出使应对、传达君王的命令。孟卯告诉甘茂，最好做太仆，尽管他擅长的是出使应对。即使甘茂选择了太仆，君王肯定还会发挥他的特长，让他去做行人。于是，最后可能一身二官，一举两得，一箭双雕。这就是韩非一再强调的，臣下们会盘算怎么做才能在君王那里分得最大的利益和权势。类似的故事，还有子圉推荐孔子谒见宋国太宰之事。孔子从太宰房里出来，子圉便进去，问刚才这位客人如何。太宰说，见了孔子之后，我就发现你这个人很渺小了，像个虱子，让人蔑视。所以我决定要把他引见给国君。子圉就非常担心孔子受到宋国国君的重用，于是对太宰说，国君见了孔子之后，回过头来看你，也会如同你看我，觉得你是渺小的虱子。这确实吓住了太宰，于是他就不推荐孔子了。可见不举荐贤人或者不举荐比自己厉害的人给君王，是臣下一般的做法。借助这类例子，韩非想向人说明的中心意旨是什么呢？其实就是君臣之间、大臣之间，乃至于人与人之间，对利益的判断，绝对超过了对公道的践行。

四、抓住问题的重点

韩非也举例强调，处理政务需要抓住问题的重点。需要弄清楚，远水解不了近渴，远水救不了近火。鲁穆公在让自己的儿子到晋国还是楚国做官上面犹豫不定。于是犁鉏告诉他，到遥远的越国借一个会游泳的人来救你已经溺水的孩子，因为距离太远，还能够救活吗？就像内陆地区，失火以后到海里取水，海水很多，也一定能扑灭大火，但问题是离失火的地方太远。与鲁国毗邻的是齐国，你儿子到晋国或楚国去做官，如果国家有难，来得及救援吗？

再比如，一定要防止贪得无厌。箕子一看商纣王用象牙雕筷子，就做了一系列推论，到最后得出结论，天下都给纣王，他都不会满足。像箕子这种圣人，会见微知著，见端知末。所以，他一看纣王使用象牙筷子，就感到很不安，预料到将天下的好东西给他，他的贪欲都不会得到满足。

韩非还强调，一个人对自己的幸运要有认识，傲慢却没有受君王惩罚，不过因为幸运而已。魏国将军文子去拜见曾子——孔子最有名的学生之一，曾子并不起身去请文子入座，这已经没礼貌了，自己还端坐在最尊贵的位置上。于是文子对他的车夫说，曾子真是一个愚笨的人，如果把我当君子，怎能不尊敬呢？如果把我当武夫，怎么可以侮辱呢？他没有被杀掉，是因为运气好。

同时，韩非借助事例说明，在游说人的时候，一定要把握好难易、利弊的尺度。游说高人，不要用物质利益去打动他。尧想把天下让给许由，许由因此逃跑了。逃跑的路上，许由住到一位百姓家中去了，这个百姓觉得这位客人有可能偷他的皮帽子，于是就把皮帽子藏了起来。对此，韩非议论道，许由连天下都不要，怎么可能要你一个皮帽子？所以对一个人，需要了解清楚他的为人，你才能在打交道的时候准确出招。

类似的故事，韩非在《说林》里准备了很多。韩非为了打动君王，可以说在事实材料上做了精心的准备，因此能做到打动秦始皇这样雄才大略的君主。这对于今天的我们，如果打算做对策研究，或者向领导进言，不也是很有启发吗？

第二十二讲
国家安危的分野

安术：一曰赏罚随是非，二曰祸福随善恶，三曰死生随法度，四曰有贤不肖而无爱恶，五曰有愚智而无非誉，六曰有尺寸而无意度，七曰有信而无诈。

危道：一曰斲削于绳之内，二曰斲割于法之外，三曰利人之所害，四曰乐人之所祸，五曰危人于所安，六曰所爱不亲所恶不疏。如此，则人失其所以乐生，而忘其所以重死。人不乐生则人主不尊，不重死则令不行也。

——《安危》

君臣之大防，是韩非关注的核心。《观行》《安危》两篇也是把焦点聚集在君臣关系上。《观行》中，韩非强调君王怎么样去观察臣下的行为，明白人的智慧、才能、勇气都是有局限的，因此要学会以长补短、因势利导。《安危》篇跟《观行》篇的宗旨比较接近，关注的都是君主能不能以一种安危辩证的眼光来把握治国的原则，真正铭怀于心。

一、取长补短，因势利导

在《观行》这一篇中，韩非首先指出，古代的人都知道眼睛看不到自己，只能看到别人，于是用镜子来观察自己的面容；聪明睿智之人也不足以了解自己，所以用最高的“道”来修正自己的行为。人们一定清楚自己的长处在哪，短处又在哪，因为没有一个人只有长处而没有短处，即便是圣人也如此，何况一般的大臣。比如，战国时代卫国官员西门豹，性情非常急躁，但是他会用适当的办法纠正自己，即佩戴一个柔软的皮革来使自己舒缓。春秋时期晋国赵简子的家臣，名叫董安于，性格正好跟西门豹相反，很迟缓，反应慢半拍，于是他就佩带一把绷紧的弓，让自己的行为显得敏捷一点。所以，韩非重视“以有余补不足”，这样一个君王才能够成为英明的君主。君王如果不知道取长补短，而以短校短、以长取长，他就很难真切观察到臣下的行为真相。所以，韩非的“观行”，三条基本的道理是一定要懂的。第一，即使一个人非常有智慧，也有不能成就的事情。第二,一个人即使非常孔武有力，也有举不起来的极重的物品。第三,一个人即使非常强大，也有不能战胜的敌人。

韩非举例证明这三点。第一类人，如尧，智慧是一等一的，但是如果没有众人的帮助，建立大的功业也是绝无可能。第二类人，如秦国著名的大力士乌获，得不到人们的帮助，他也举不起自己来。第三类人，如战国时期魏国人孟贲和夏育，强壮有力并且勇敢，但如果没有法术，在韩非看来，那也是不可能取胜的。所以，一个基本的道理就是，没有他人帮助，好多事情是做不到的。

还有离朱，一个视力好得不得了的人，能够看清百步之外的物体，但是看不到自己的眉毛。因为一个人看到自己的眉毛是不符合自然常理的。韩非提醒道，英明的君王，千万不要因为大力士乌获举不起自己，而让他难堪；也不要因为离朱看不到自己的眉毛，就让他为难。最关键的是，依靠可以利用的一切条件，寻求简单便捷的方法，去实现既定的目标。韩非认为，时运有盛有衰，做事有利有害，万事万物也都有生有死，君主不要因为这三件事情就欢喜或者愤怒。如果是这样的话，那么即使像金石一样忠诚的大臣，也觉得这个君王不可理喻，也会离心离德。

用观察行为的办法就能获得用人的基本道理：因势利导、因顺自然，以道观之、道法自然。

二、“安术”七条和“危道”六条

韩非在《安危》篇中，进一步分析了君王必须知道的、使国家安定的基本方法有哪些；造成国家危难的做法又有哪些。他强调君王只有居安思危，才能让国家真正地保持秩序，繁荣富强，而在整个霸业竞争当中，立于不败之地。

韩非指出，国家安定的方法有七条。第一，赏赐和惩罚一定要根据是非，不区分是非，赏罚就不得当。第二，降祸纳福，一定要根据善恶。是非善恶是个道德标准，只不过对道德的内涵，韩非有特殊的规定。第三，决定生死，一定要根据法度，而不是自己的偏好。第四，待人一定要辨贤良，而不是根据自己的喜欢和厌恶。第五，任官一定要区分愚蠢还是聪慧，而不根据外人对他的评价。第六，做事一定要有准则，而不是随意凭借自己内心的揣测。第七，一定要讲求诚信，不去推崇欺诈，因为欺诈能够得一时便利，但是长期下来就没有人与你打交道。这七条表明，韩非是重视治国规则的。因此，不能将韩非简单地看作一个玩弄权谋诡诈之术的人。

与此同时，韩非指出，君王要明白下面这六种做法，是会造成国家危亡的。第一，弄法徇私，玩法于股掌之间来达到自己的私利。第二，任意废法，明明一项法律施行得好好的，君王一朝登高，天下云集，想废法就废法，对法律非常轻率，法律还能确立得起权威吗？第三，通过损害人民来牟利。他强调一个原则，严刑峻法主要是对官对吏，而不是对人民的，对人民必须为其谋利。这也是我们一般误解法家，尤其是韩非的地方，以为韩非对民众非常苛刻、残忍，其实并非如此。第四，把别人遭受灾祸当成一个乐事。第五，破坏民众安定的生活。第六，不去亲近喜爱的人，也不疏远厌恶的人，这就是所谓的等距离交往。如果是出现以上这六种情况，人民就丧失了生活的乐趣，忘记了珍视生命的各种原因。人民都不以生为乐，君主还会受到尊崇吗？生命还会受到尊重吗？在这样的情况下，君王的政令怎么可能施行？国家危亡，也就难以避免了。

三、国家安危在于明是非，知虚实

在韩非看来，危国之法和安国之法，一定要区分清楚。如果天下人都把自己的聪明才智和能力用在法度上，那么在行动上肯定就能取胜。同时，以法术保持安宁，能让人快乐地去做好事而爱惜生命，不去做违法的事。这样，整个社会中，小人极少，君子极多，社稷肯定就能长久维持。

所以，一个君王，千万不能让国家处于盲目状态，动静失措。韩非举例说，疾驶的车子上怎么可能有聪明的仲尼，倾覆的船只上怎么可能有廉让的伯夷？所以形势安宁，聪明廉让的人才会出现；形势危急，民众就会陷于争夺。韩非讲“故安国之法若饥而食，寒而衣，不令而自然也”，即让国家安定的办法，就是饿了就要吃，冻了就要穿衣服，不发布命令，而安于自然。这是一种不强勉而为、取法自然的治国思路。一方面，从中可以看到韩非所受的道家影响；另一方面，也可以看出韩非以法术治国的理念，乃是适应人的天性的一种进路，而不是扭曲天性的刻意为之。

如果治国情形是相反的话，即大家都讨厌责任，大家都轻视法律，这样的一个国家，肯定无法建功立业，安邦定国，就完全是不可能的了。我们都知道神医的神奇能力，中国的神医扁鹊，他治病是要以刀来刺骨的。用刀刺骨，让人感到很痛，但是病痛得到了医治，身体健康得到了保证。治国的道理与之相仿，君主一定要明白，治理一个处境危险的国家，一定要搞清楚，忠言逆耳。真正的忠言，让人听起来不舒服，但是，对君主是有益的；对国家来说，有助于建立起稳定的秩序。因此，以刀刺骨和忠言拂耳，是医病和治国需要信守的重要原则。否则，国家危矣。一旦以扁鹊治病的方法、伍子胥进呈忠言的方式治国，那么国家就会像医好病的身体一样，身康体健、长治久安。

韩非认为，对一个国家来讲，其实君主都想实现唐尧的治国目标。但是大多数君主都不能以唐尧为标准要求自己。人们常常碰见的情况是什么呢？从理想的状况来看，君主都应以唐尧为标准来要求自己；但实际情况是，君王一方面根本不以唐尧为标准来要求自己，另一方面却用伍子胥的标准来苛责大臣。君主希望群臣能像比干一样忠心耿耿，以为这样国家就能长治久安。但其实呢，哪一个人有君主期待的这样的超卓能力呢？人肯定有他的长处，也都有他的短处。因此，君主应当让人民发挥他们的长处，也不为他们的短处感到忧虑，这样才能保证国家长治久安。如果让人失掉长处，君王不能为国家建功立业；而又保护他们的短处，人民活着也不能感到快乐。那么如此一来，君王怎么样去统治人民呢？人民又怎么样来侍奉君王？

所以韩非特别强调，“安危在是非，不在于强弱；存亡在虚实，不在于众寡”。即君主的安危，主要是在于办事情的是非之分，而不在于力量的强大或弱小；国家的存亡，主要在于国家的虚弱或坚实，而不在于人民数量的多少。一个像齐国那样的大国，纵然有万驾马车，但因为不分是非、不探虚实，那么就是有名无实，它的实际权力已经操在大臣手里。像夏桀王那样，整个奖赏和惩罚分不清楚，他奖赏的实际上是没有功劳的人，阿谀奉承的人得到高官，而且施行暴政，杀掉那些根本没有犯罪的人，对那些天生有缺陷（驼背）的施以酷刑（剖背之刑），以奸诈虚伪为真实，以天性为错误，因而商这样的小国，居然战胜了夏这样的大国。

为此，韩非强调，英明的君主治国，需要信守两条基本法则。一是整饬内政、外以御敌。内政混乱，外交必定失败。周人夺取殷人的国家，就是因为殷人内政混乱。如果殷人内政修明，周人怎么可能夺取他们的国家呢？二是“明主之道忠法，其法忠心，故临之而法，去之而思”，即是说，英明君主之“道”在于忠实于法律，法律则以适应人心而制定。这样一来，以法律治理人民，人民就会守法；废除了这样的法律，人民反而会想念。就像舜，他没有给后代留下一点土地，但后人却很怀念他的德行。从这一点来看，能够在过去确立基本规则，在恩德上影响后世，就一定是英明的君主。韩非这样的看法，与中国历史上的英明君主之所以建功立业，深受缅怀的历史事实是吻合的。确实，国家的长治久安，并没有多么神秘的成分，关键就是看一国之君如何处理好内政外交、依法治国问题。

第二十三讲
保卫国家的方法

古之善守者，以其所重禁其所轻，以其所难止其所易。故君子与小人俱正，盗跖与曾史俱廉。

——《守道》

闻古之善用人者，必循天顺人而明赏罚。循天则用力寡而功立，顺人则刑罚省而令行，明赏罚则伯夷、盗跖不乱。如此则白黑分矣。

——《用人》

圣王明君则不然，内举不避亲，外举不避仇。是在焉从而举之，非在焉从而罚之。是以贤良遂进而奸邪并退，故一举而能服诸侯。

——《说疑》

从前面各篇看，《韩非子》当然是倾力讲治国之术，我们越读越能明确这样一个基本宗旨。韩非的论述，自然有理论层次上的不同，他为自己的论说确立了道法自然的哲学基础，但他更集中精力关注的，自然还是政治操作事务，尤其是君王用权适当与否对国家带来的决定性影响。《守道》、《用人》和《说疑》三篇，在保卫国家的宗旨上，是完全一致的。不过，三篇各有侧重，对其发挥的保卫国家的不同作用，进行了具有一定区分度的阐述。

"守道"，守的是什么道呢？当然是守保全国家，守护国家之道。"用人"是用什么人呢？当然是要用君王当用之人，要用人才。所谓"说疑"是要说什么呢？就是要说怎么样避免用人不当。所以实际上这三篇要强调的问题都是君王怎么样适当地来任用大臣。

一、君主须掌握"度"

在韩非看来，一个君王如果不在立法上拿准尺度、把握分寸，那他就没有守住保全和守卫自己国家的根本之道。而一个圣王建立法治，最根本的问题是他的赏赐要发挥劝勉善行的作用，而他的威力要足以制止暴行，应对各种事变的准备相当的完备，这样才能保证大臣们功业显著就能获得尊荣的地位，尽心竭力做事的人就能得到丰厚的赏赐，能尽忠爱之情的人就能够树立美誉。

在韩非看来，这就是一个“上下相得”的治国效果。所谓“上下相得”，简单地讲，就是君主和人民和谐相处，各得其所。由此可见，人们长期以为法家推崇严刑峻法，苛刻对待民众，其实这是一种误解。所谓君主和人民和谐相处，就是让所有人依循法度，竭尽己力做到极致。当战士的人奋勇杀敌，可以奉献自己的性命；主掌法治的人有坚贞的情操。这样，可以说君王就高枕无忧了，他就把握了守卫国家最关键的原则。

二、君主须奉法

在韩非看来，守卫国家的人，必须拿人们看重的事来禁止他们看轻的事，拿人们害怕的事去禁止他们轻率的行为，以此让君子和小人都各归于正道。这就使社会井然有序，政治立规实行，人们就在既定的轨道上前行。

韩非子强调的，无外乎是四个字：法度分明。所谓法度分明，就是要让聪明的人不敢去侵害那些无能的人，强大的人不敢去欺负那些弱小无依的人，人多的群体不能去欺负人少的群体，君王和丞相都能够安于守国之道。一个国家的君王，毫无疑问只要真正地重视依法治国——“奉法者强则国强”“奉法者弱则国弱”，那么即使在宫廷“甘其食，美其服”，也没有丧失生命和被剥夺王位的忧患。

三、君主的用人之道

君王的工作是什么呢？就是用人、决策。用人得当与否对君王具体的操权、保家卫国有决定性的作用；即使有时候决策不当，但用人得当，也可以消解决策不当的后患。大臣们会竭尽全力把君王们的决策铺排得非常仔细，资源聚集得非常丰厚，而能够以简驭繁、事半功倍。那么，君王用人有一些什么样的要领呢？

第一，必须遵循天理，顺从人事，明确赏罚。遵循天理，就是强调用力不在多，但能够建功立业。这是遵循道家的基本思维“无为而无不为”，如果太善于做事，却没有依顺天理，就会事倍功半。顺从人事，就是强调刑罚不用多，赏罚明确且简约，也能保证政令畅通。明确赏罚，像伯夷那么廉洁的人、盗跖那么贪婪的人，就不会赏罚混乱。倘如此，黑白就会非常分明了。一个政治清明的国家，臣民为国立功可以获得应有的位置，凡是有能力的人可以被授予职位，循法办事表现自己能力的人可以出任职事，没有人私下保留实力，拒绝为国效力，对内消弭祸乱，对外不知战败，天下人不会互相伤害，这岂不是治国最理想的状态吗？韩非的论述可以说是相当精到的。

第二，就是放弃以心术来治国，而必须以法术来治国。法术是一定之规，而心术是根据情景展开的君王计谋。韩非对这两者可以说都很重视，但相比而言，他更重视法术，就是“上无私心，下得循法”，这样，贤良的人，才能得到劝勉；无能的人，才会减少犯罪。

人们乐于以公进位。韩非特别强调这个“公”字，虽然现在我们看起来这个“公”可能是“天下之大公，乃天下之至私”的君主之公，并非现代意义上的“公共”。在中国古代的姓族统治情境中，极致的“私”，就是因为君王一个人拥有国家，但在统治国家时，它将自己的统治权伪装成“天下人之天下”，因而很难真正成为“天下之公”。但在实际使用权力上，君王虽然全权拥有国家，但如果实现君臣上下得宜之治，那么君王客观上是可以为下谋利的，所以这个“公”尽管不是君主主观上谋求的，但也不能够简单地将之等同于一人之天下的绝对的“私”。

君臣相互合作，会使君主治下的民众获益。因此，君主的私权，可以呈现为为民谋利的公共性。但一个大臣如果没有很好地得到使用，一定会谋求自己的利益和声望。这样，君主的权力就会受到削弱，民众也得不到任何好处，他也就会陷入一种危殆的状况了。所以治至之国，必须是依循法度的。只有如此，君王才能高枕无忧，臣民才能安居乐业，道术才能覆盖天下，功德才能流芳百世。就此而言，韩非强调的治国核心应该说是非常清晰的。

但是情况常常是，君王并不是不知道守道的要领，也不是不知道用人的要领，就是做不到这一点，为什么呢？韩非在《说疑》这一篇里强调，所谓“治之大者”，就是治理国家最重要的事情，关键在于君王赏罚的得当。赏则得人，罚则失人，只是赏罚的简单功能。“赏罚得当，皆得其人”，才是君王用人最重要的要领。因为只有在这样一个要领之下，人们才能够明白，该赏则赏，该罚则罚。该罚不罚，反而推动他犯更大的错；该赏不赏，或该大赏却给小赏，该小赏却变大赏，人们就要通过精心谋划来盘算赏赐。

最高明的君王，要让人们不敢产生奸邪之心，按韩非的说法，第一，“禁其心”，有人把它解释成禁止人们有想法，这是不对的，应该是不能有奸邪之心。第二，“禁其言”，有人解释成不准讲话，这个理解也是错的，韩非不至于这么恶。实际上它是禁止胡说八道。第三，“禁其事”，自然也不是说不准做事情，而是让人不敢乱做事。在韩非看来，真正的有道之主，是不讲仁义和治人的，最关键的是尚法。这个法，不仅仅是规定大臣们和臣民们不能如何之法，最重要的是惠民之法。

韩非特别强调，人主用人，首先重要的是不能用亡国之臣。亡国之臣，把好事说成坏事，把坏事说成好事，内心险恶，表面憨厚，也善于控制他们的君王。其次，坚决不能用不臣之民，就是那种不断抗争，只认为自己正确，即使饿死也不为国家所用的人。最后，也不能用强谏之臣，这类人一定要扭转君王的想法，花言巧语让君王按照谏臣自己的想法行事。朋党之臣、霸王之臣，也都要慎用。霸王之臣，只要使用得当，相对而言还是可接受的。谄谀之臣，也是要坚决禁止的。在韩非看来，用人的核心，一句话——“内举不避亲，外举不避仇”，提拔近臣，他不回避亲属；而选拔朝臣，不回避仇人。内举也好，外举也好，要符合原则，只有符合原则，才能避免害国、伤民、败法之类的人受到重用。

所以韩非将守国之道、守道之术、用人根本贯穿起来，做了非常到位的论述，直到今天，可以说在治国理政中也具有启发意义。

第二十四讲

政治真相中的惊天反转

明君之所以立功成名者四：一曰天时，二曰人心，三曰技能，四曰势位。

——《功名》

上不天则下不遍覆，心不地则物不毕载。太山不立好恶，故能成其高；江海不择小助，故能成其富。故大人寄形于天地而万物备，历心于山海而国家富。上无忿怒之毒，下无伏怨之患，上下交顺，以道为舍。故长利积，大功立，名成于前，德垂于后，治之至也。

——《大体》

我们越读《韩非子》，就越可能认为，韩非子太重视向君王献计献策，似乎总是在殚精竭虑地为君王制约臣民们而考虑问题，好像对君王极力纵容而没有任何限制。

其实，这对韩非是有误解的。《功名》和《大体》两篇，其实就是韩非对怎么做好一个君王所做出的一些论述。

在今天看来，这些论述也是颇得要领的。韩非特别强调，英明的君主建立功业、成就美名，是有条件的。第一个条件叫天时，第二个条件叫人心，第三个条件叫技能，第四个条件叫作势位，就是优势、趋势、大势、威势的意思。从这四个条件可以看得出来，韩非其实是明确杜绝君王随意作为，随意压制大臣，随意对待平民，随意对待权位，随意采取措施。

第一，一个君王如果不顺应天时，他特别强调，就是十个像尧一样的圣君，也不可能让庄稼在冬天能够抽穗。中国人特别强调天时、地利、人和，一般认为这是儒家传统。实际上，“务为治者也”的先秦诸子各家，都是非常看重这些为政条件的。强调天下要达到大治的韩非，也不例外。因为天时不可违，春耕秋收，不能逆着来，哪怕是圣人，他如果逆天时而为，都会受到惩罚。

第二，一个君王如果悖逆人心，即使有像孟贲、夏育这样的贤臣，也不可能让民众为他尽力。所谓人心不可违的道理即在于此。人心向背的问题，一直是中国政治的一个核心主题。"天视自我民视，天听自我民听"这样的说法，也证明人心问题在中国古往今来，都是一个重要的用权标准。

在韩非看来，如果能得天时，那么就不需要人的主观作为，治理天下，就可以自然而然、水到渠成。古往今来，多少英明君主不都是这样成就大业的吗？而如果能够得到人心，就不用去天天催促天下人、劝勉天下人来实现自己的目标，就能够让天下人勤勉而为、强勉而为、积极而为。所以，在韩非看来，聚集民心是英明君主一个重要的功夫。逆民心而动，那就是自取灭亡。无论君主个人有多大的才能，天时、人心，都是他们治理好国家的两个最重要的前提条件。

第三，就是君王一定要有技能。有技能，办事自然顺畅快捷。不要以为有君王之位，就自然地具备君王的技能。君王的技能，可以说是所有领导技艺当中最综合、最高超、最全面而又最微妙的。

但君王最重要的首先还是有君王之位。没有君王之位，而只有君王之思，那就只是一个人对君主治国的闭门造车。哪怕儒家的孔圣人，有绝对的治国之才和全面的治国设计，但因为只是"素王"——没有王之位而有王之德，也称"斋王"，所以他也无法去实际施展君王的权谋、治国的技能。

因此，第四，势位也很关键。势位，就像河流的水一样，水往低处流，船只的漂浮就是自然而然的。得势，号令施行，畅通无阻。君王能够实行法术、统驭群臣、为民谋利，就是因为君王有这样的势位。如果君王不能把优势、趋势、大势、权势紧握在手，而大臣通过谋划而有众多朋党，且名望卓著，那君位就受到极大的威胁。所以，在韩非看来，位势是非常关键的。儒家说，贤才能让人心服口服；在韩非看来，这是不可能的。按现代领导学的说法，权位是领导的前提，无权位则不可称之为领导。对君主尤然。

这个道理，说起来就像一尺长的木材竖立在高山之上，就能俯视千仞的深溪。不是因为木材本身长，而是所处的位置高。暴君夏桀肯定不贤能，但在人们推翻他之前，他一直作威作福，原因在哪？他位势重。如果圣君唐尧，仅仅是平民百姓，他可能连三个家庭也治理不好。不是因为没有能力，他可能全身都是技能，但如果他地位卑贱，那绝对不可能有治国的千钧之力。君主对之必须有一个高度的自觉，将权位与权威紧密联系起来，才足以治理好国家。这个道理，非常符合现代领导学的原理：领导或领袖，之所以为领导或领袖，就是因为他握有决策与用人的权力，一旦丧失权力，他也就无力做出任何决策、任用任何人才了。对君主与治国的关系而言，有位，才能有为；无位，则必然无为。

在某种意义上讲，尧做天子、舜做臣子，能够共同利民，就在于他们在其位谋其政，人民出力来帮助他们，亲近的人团结一起来成就他们，疏远的人用美名来赞扬他们，有尊贵地位的人也以权势来支持他们，所以他们可以成就美名。如果没有相应的位势，那么君王不仅无所作为，更可能就被有野心的大臣取而代之了。在韩非看来，尧、舜、禹三大圣君，其实都是废除甚至谋害了上一任的圣君才得到君位的。并非像儒家那样靠“杀”和“诛”的区别就可以改变其夺取权力的性质，他们就是以臣弑君、以臣代君。但之所以出现以臣弑君，臣变而为君，就因为君不为其君、臣不为其臣，所以天下就乱套了。

因此，在韩非看来，一个君王要顾大局、识大体。古代顾全大局的君子，仰望天地，观察江海，顺应山川谷地和日月照耀，适时而行，从而不被巧智劳烦，不被私欲拖累。

所以君王把国家的治乱寄托于法术，把世间的是非托付给赏罚，把轻重的计量交付给权衡。权衡就是秤。

在治国中，不悖逆天理，不损害情性，不吹毛求疵；洗去污垢察看隐情，不把墨线拉到准绳之外，也不把准绳拉到墨线之内，不逼迫法律之外的事情，也不容缓法律之内的事情，遵守固有的规律，顺应自然的法则；避免一切出自君王的好恶，这就会形成非常安定的社会了。这可以将道家的形而上学、政治哲学的论述，转换成非常通俗易懂的政治统治技艺了。

君主如果不像上天一样广大，就不能遍覆万物。小肚鸡肠，睚眦必报，站位很低，怎么能包容天下，让天下服从呢？君王内心，必像大地一样宽广，才能负载万物。人们所期望的赏罚、名利，或者说政治伦理、社会规则都集中于君王那里，他能够担负起来，就是因为他的宽广胸怀。泰山由于没有好恶之心，才令人仰慕，才成就了高大；而江海之所以浩瀚，就在于万源汇流。君王若有像山海一样的胸怀，国家肯定就殷实、富裕、强大，君位稳固。韩非的这一主张，可以说对古今中外的君主、元首们，都有共同的提点作用。

但君主也是人，是人就会有七情六欲，就难以保持稳定的情绪。但如果君主以情绪引导治国，那就非常危险了。为此，韩非强调，一个君王要特别克制自己，不要动辄喜，动辄怒，随意而为，完全没有节制，要像江河湖海、广阔大地一样。君王不会因为发怒而毒害百姓，臣民也就不会怀恨在心而制造各种是非，君臣上下也就能够纯真质朴，而能够把“道”作为行动准则；能够累积长远的利益，而不是各自盘算眼前的利益，即所谓深谋远虑，进而能够实现伟大的功勋，声名垂于后世。如此，君主就进入了政治的最完美境界。

第二十五讲
治国十三要道

主之所用也七术，所察也六微。七术：一曰众端参观，二曰必罚明威，三曰信赏尽能，四曰一听责下，五曰疑诏诡使，六曰挟知而问，七曰倒言反事。此七者，主之所用也。

——《内储说上》

六微：一曰权借在下，二曰利异外借，三曰托于似类，四曰利害有反，五曰参疑内争，六曰敌国废置。此六者，主之所察也。

——《内储说下》

《内储说》与《外储说》总共六篇，主要是韩非为了展开游说而准备的各种材料。对韩非来讲，去游说各国的君工，尤其是要游说有统一中国的雄心壮志的秦王，则一定要能够让君主们觉得他对整个春秋战国的历史变化，对其中极其重要的典范个例是了如指掌的。借助于这些颇能打动人的历史故事与民间传说，君主们就很容易为韩非的劝言所动，从而推行法术之治。

一、游说的技巧

如果对君王们十分关心的那些关系到横扫六合、一统天下的大事件都不了解的话，那么韩非根本就无从去游说君王来接受自己的法术之治。韩非想要君王们接受的核心举措之一，就是远离近臣而接近法术之士，接受新的依法治国的治理方案，去除旧的、靠君臣间亲密关系达到君王治国目的的做法。这可以说是韩非全力推动的、中国古代治道的一个深刻变化。但让君王放弃自己所熟悉的治国之术而接受新的治国之道，谈何容易。韩非能够打动秦始皇，最重要的原因之一，就是准备了极其系统而具有说服力的材料。《内储说》和《外储说》六篇，可以说是韩非展开游说的材料大全。从中，我们可以清楚地看到韩非确确实实对从上古到春秋战国政治的操权之术烂熟于心，他对治国的各个方面的个案都有涉及。

本讲并不准备把这六篇当中丰富的政治史事实一一

再捋一遍。因为这样会显得非常琐碎，琐碎到难以把握韩非究竟要凸显一种怎样的治国理念。因此，我们将专注于这两篇中间阐述君王可用之术和防患于未然的一些基本政治技巧。这主要集中在《内储说》上篇的“七术”以及《内储说》下篇的“六微”。《外储说》，围绕这些核心理念准备了能够打动君王的历史事实、民间故事。《内储说》，则概括了君王们真正要从其中找到的治国之道的窍门。

二、治国“七术”

“七术”可以说是君王立即可用之术。第一是“众端参观”，这个就是前面已经提到的必须要多方验证和考察臣下的言行。一个真正有为的君王，必须要对臣下的言行洞若观火、明察秋毫，而不陷于君臣们的谄媚之词、阿谀之词，不辨是非。使君王个人的偏好与臣下刻意的献媚能够拉开距离，是君王免于上当受骗的一个基本功。

第二是“必罚明威”。那就是犯法必须惩罚，以显示君主的威严。只有君王的威严得到充分的保障，臣下才会克勤克俭地履行自己的职责，臣民也才会努力而为。

第三是“信赏尽能”。就是有功必赏，赏赐有多种，如物质赏赐、精神赏赐、官阶晋升。如果臣下立功，久久不见奖赏，就会心灰意冷。君主就很难让他们为自已全力以赴。

第四是“一听责下”。意思是听取臣下的意见，且要苛责他们的行为。看其是不是言必信、行必果。这是一种贯通古今的、言行一致的领导原则。

第五是“疑诏诡使”，就是要发布让臣下感到疑惑的命令，用诡诈之术来驭使群臣。这一点大家可能把它当作心术权谋来批评指责。为什么韩非要公然讲这一统治术呢？原因在于，君主试图有效驱使臣下，而臣下同时在琢磨君王。对君臣关系来讲，一个现实的挑战是，君王发布的命令，大臣不一定就遵照执行，他要揣摩君王的心思。因而可能会出现我们中国人所熟悉的情况，理解的要执行，不理解也要执行，在执行中修正。这样就使君王发出的命令丧失了权威。因而君王也必须有针对性地去对付大臣们的这些花花心思。

第六是“挟知而问”。意思是隐藏自己所知晓的事情，而故意向大臣询问。君王如果首先把自己所想，倒豆子一样地倾吐给臣下，大问题就来了，臣下的想法就会对君王隐瞒。这对君主控制臣下，自然不利。因此个君王应该首先询问臣下究竟在想什么，想干什么。

第七，是韩非最被诟病的一种说法，就是君王要能够“倒言反事”。所谓“倒言反事”，就是说相反的话，红说成白，白说成黑；做相反的事情，内心肯定的时候，在嘴上是否定的；嘴上肯定的时候，内心却是否定的。试想，在没有真正的现代法治之前，一个君王要以一人之身和一人之心驾驭众多的、各有分工的大臣，不这样，也许他真是无法驾驭群臣，富有权威。这确实是心术权谋，但在制度短缺的情况下，也不见得就只是阴谋诡计，而可能是一种必要的权术。

三、洞察“六微”

君王在明处可以如此这般地做事，在暗处还应当准备一些隐微手段吗？在韩非看来，这也是必需的。所谓“倒言反事”，已经是在暗示君王们应当有多手准备。为此，韩非强调了“六微”，即君王要从非常隐微的事情上来看自己权力的有无得失，谨小慎微、防微杜渐，以捍卫手中大权。

第一，防“权借在下”，也就是防止大臣们通过各种权谋技巧让君权旁落。这是君之为君、臣之为臣的权力结构所必须高度重视的大事。

第二，防“利异外借”。君臣利益是不同的，臣下们都想借助于外来势力让君王认为只有靠他才能处理好纵横捭阖的对外交往关系，结果当然就是君王受欺骗。因此君王必须以明察暗访的形式、心术权谋的手段，来洞察臣下如何利用外援来谋取实利。

第三，防“托于似类”。战国时期说客遍地都是，这些说客大都是以比类、联系的方式来游说君王，说你这样做就会导致什么样的结果。因此，需要君王们高度小心，才能够判断出利害得失。

第四，防“利害有反”。就是君臣利害是相反的，一定要把握住。臣下一定是会谋取实利的，他不会一心为公、尽心竭力，危害君主可能是他一个必然的选择。在这样的一种情况下，君王一定要明确君臣不能结成朋友，权力面前无朋友。这可以说在现代政治生活当中，都是一句箴言。权力就是驾驭众人的，以一治多，以少统众，有你无我，有我无你。君臣大防，随时警惕于心。如果君王幻想君臣成为交心的朋友，可能在这样一种观念产生之时，就已经大权旁落，这可能是政治生活的一个惨烈的事实。原因在于权力不能共享。

权力能够共享，在今天的民主政治中是个重要原则，那是指权力拥有者可以经过和平的代际更迭，上一任和下一任都能够享有同样的权力。但即便如此，可以共享的权力也是具有排斥性的。在权力没有更迭以前，掌权者的权力是不可以共享的，按照法定程序握有权力的人，是排斥那些无权在手、试图争夺权力的人的。

第五，防“参疑内争”，即势位相匹敌就会争权夺利，所以对臣下的权力分工和臣下争权夺利的现实处境，君王一定要了然于心，否则，就不可能成为一个比较超然地控制权位之争的君王。

第六，防“敌国废置”，意思就是不要按照敌国的意图来废除和任用大臣。无论是古代政治还是现代政治，国与国当中都同样充满着离间计。君王宠信了某个大臣，敌国一定会来挑拨说此人与我国关系很好，君王一迷糊，马上疏远那个大臣，结果上了敌国的当。君王可能厌恶一个大臣，敌国故意吹捧这个大臣有能力，君王不用简直是一种浪费，结果君王上当，使国家大权旁落或者流于无能之士之手。

“七术”“六微”，可以说是韩非围绕着治国之术，尤其是法治之术，来精心准备材料的一个大纲。“七术”“六微”相加，可以合称为“治国十三要道”。对这“十三要道”，韩非都能够通过特别具有说服力的历史故事、民间传说来告诉或劝说君王如何处置，君王怎么可能不被韩非打动呢？

第二十六讲
反驳治国的流行观点

圣人明察在上位，将使天下无奸也。今耕渔不争，陶器不窳，舜又何德而化？舜之救败也，则是尧有失也。贤舜则去尧之明察，圣尧则去舜之德化，不可两得也。楚人有鬻盾与矛者，誉之曰：“吾盾之坚，物莫能陷也。”又誉其矛曰：“吾矛之利，于物无不陷也。”或曰：“以子之矛，陷子之盾，何如？”其人弗能应也。

——《难一》

物之所谓难者，必借人成势，而勿使侵害己，可谓一难也。贵妾不使二后，二难也。爱孽不使危正适，专听一臣而不敢隅君，此则可谓三难也。

——《难三》

《难》分四篇。“难”就是驳难，是韩非对春秋战国时期流行的各种政治观点的分析与反驳。写这篇作品的目的主要是申诉法家的法术之治、法术之问、法术之言。韩非要驳难的各种观点非常具体、繁杂，但这四篇突出了一个要点、三类故事，以及由这三类故事体现的三种政治主张。

一个要点，就是强调春秋战国时期流行的各种政治观点基本上是不符合法家法术之言的要求的。原因很简单，就是那些流行的观点根本就没能把握住治国理政的核心要义。这有一种截断众流的雄心，内里当然是为了给法术之言腾出思想地盘。

为了突出这一个要点，韩非要驳难的三类观点是什么呢？第一类当然是法家认为最迂腐而不可行的儒家之论。因此，《难》这几篇文章主要通过反驳孔子及其学生的观点，来表现法家因应于政治要求而显得非常锐利的观点。

第二类就是重要的霸主齐桓公及其重用的政治家，也被认为治国理政颇有天赋的重量级人物管仲治国理政的观念。虽然二者分别为君臣，但治国理政的基本观念是非常一致的。

第三类就是春秋战国霸主和创造中国历史的重要君

王的一些不合法家法术之势、法术之治的观点与做派。

韩非做这些反驳的宗旨是一个，具体目的则有相反相成的两个：第一，是把这些流行观点归结为不合时宜、不懂政事、不懂治术之论；第二，当然就是确立起法家看透了政治隐秘、把握住了治国理政要领的形象，因此必须鲜明地突出法家的法术之治。

首先来看韩非对儒家的反驳。他举例说，晋文公要出国打仗，于是招来两个臣下询问，一个叫舅犯，另一个叫雍季。晋文公先问舅犯：我要跟楚国打仗了，他们人多我们人少，怎么办？舅犯说，多礼的君子尽量要追求忠厚诚信，但在布战的时候，则要尽量运用诡诈和伪装之法。因此，君主只要使用诡诈之术就可以了。

晋文公接着去问雍季：我怎么跟楚国打仗呢？他们人多我们人少，该怎么办？同一个问题问两个人，显示出晋文公非常有心机。雍季的回答：烧了树林来打猎，虽然可以捕获很多野兽，但是以后就打不到野兽；使用诡诈的方法来对待人民，可以一时获得利益，但以后就再也不能得利了。

晋文公听完两个臣下的劝诫，最后用了舅犯的计谋与楚国人打仗，并且打败了楚国。但是回国论功行赏时，他却把雍季排在了舅犯的前面。臣下们问：为什么用的是一个人的计，行赏却不赏这个人，是不是有点不妥当呢？晋文公说，舅犯的话是一时的权宜之计，而雍季的话能使国家得到永久的利益。

孔子听说这事后，赞赏说晋文公真是不虚其名，难怪能够称霸诸侯。因为他既懂得一时的权宜之计，也明白谋取万世之利的道理。对这个故事，韩非感叹道，仲尼不知奖赏之道。确确实实，雍季的回答，根本就不契合晋文公直接提出的问题。但凡回答问题，也即对问之责，一定要依据问题的大小缓急来回答，所问的问题高深远大却以卑小狭微来回答，英明的君主不会接受。而晋文公直接问的问题是，人少的军队要战胜人多的军队怎么办；雍季的回答却是以后不能再得利了。这个回答是什么性质的回答呢？是答非所问。

可以说雍季的回答，完全偏离了晋文公所关心的话题。而舅犯所答，并不是让晋文公去欺诈人民，而是要欺诈对手，因此他的回答并不为错。为什么要行赏雍季而不行赏舅犯，或者行赏时把舅犯排在雍季的后边？可以说舅犯不是欺负民众，因此并不妨碍其信；面对君王所问，也尽量以忠而进言，而且是军旅之计。所以孔子做出的赞赏，根本就是文不对题。

进一步推论至儒家特别崇信的尧、舜、禹这些圣王，韩非觉得儒家赞赏禅让的说法也是不得要领的。比如，尧如果能够很好地治理天下，那么舜如何取得杰出成就呢？如果是舜有杰出成就，那不反过来说明尧本身治国不得当吗？所以韩非特别强调，尧、舜是不可两誉的。这就是韩非“以子之矛，攻子之盾”的一种驳难方法。这一评论是非常犀利的。尧、舜、禹乃是禅让权力的三代圣君，一代圣君接替另一代圣君而起，这中间不太容易为人所知的是，后一代圣君起来替代前一代圣君，那证明前一代圣君一定有失策之处。因为，后一代圣君出来是救败的，谁之败，当然是前一代圣君之败。这确实指出了禅让之说的内在矛盾。尽管禅让说是儒家政治理念中称颂不迷恋权力、让权力能够保持公共性的一种道德化政治理念，但逻辑上并不是那么顺当的。

韩非所举的第二类故事，主要是批评管仲的。管仲生病了，齐桓公去看他。桓公问：你将用什么劝告我呢？管仲就说：君王你不问我，我本来就想禀告了，希望君主能除掉竖刁和易牙，并疏远卫国公子开方。为什么呢？易牙烹了自己的儿子献给您，这个太没有人情味了；竖刁竟然阉割了自己，以便获得管理内务的官职，人的天性都很在乎身体，他连身体都不爱惜，这是很糟糕的；至于卫国公子开方，齐国和卫国之间本来没有多少路程，他却抛弃母亲，到齐国做官，一直都不回去。试想，一个连自己母亲都不爱的人，他怎么可能真正爱君王呢？所以希望君王除掉这三个人。但结果管仲死了之后，桓公并没有按照他的建议来做，以至于死了之后，身体长出尸虫，都没有人给他下葬。可知他的结局多么悲惨。韩非认为，管仲对齐桓公所说的话，不是一个有法度的人讲的话。管仲要除掉三个人，仅仅是就他们的为人而论的，不是在治国方略上给出的谏言。如果因人论事，齐桓公以这一思路对待管仲，管仲也可能被排除在治国所仰仗的官员队伍之外了。

管仲其实没有明白这一道理。韩非在此前的篇章里，都已经强调过了。君臣之所以是君臣，完全是“计数所出”，也就是双方算计的结果。明主之道，也就是英明君主的做法，设定官位而不让兼任，论功奖赏而不问其尊卑，赏罚分明，这就足以让人们为他服务，物以尽其用，人以尽其才。所以从这样一个角度来看，即便有竖刁，又能怎么样呢？既然大家处在相互算计的境况中，其关系就绝对不像儒家的说法——父子相亲、君仁臣忠。法家是坚决反对这种主张的，认为君臣各自都在计算自己怎样捍卫权力和攫取利益，如何可以实现其利益最大化目标。所以“君有道，则臣尽力而奸不生；无道，则臣上塞主明而下成私”，君王是有道之君，臣下就会努力做事，不会有什么异心；倘若君王失却水准，臣下就会让君王闭目塞听，并向下求取私利。所以，在韩非看来，君王一定要注重法术、法度。这确实是站在政治的高度看待权力关系的说法，中间没有留出任何道德想象的余地。这就犹如一个不看周遭人等的感情，一个劲说真话的家伙，确实让人讨厌，让人疏远。可见，揭示政治真相，并不是一件让人感到愉悦的事情。

在韩非看来，所谓“明主之道：一人不兼官，一官不兼事。卑贱不待尊贵而进论，大臣不因左右而见”。这就颇为符合行政管理学所说的专人管专事的原则。就此而言，管仲也好，齐桓公也好，都没有抓住治国要领。进而可知，君王注重法术、法度不是虚张声势，而是治国的必需。

第三类故事，韩非所列举的事例较多，无法一一述及，简单罗列一二。韩非对齐桓公五次才见到小臣稷的美传颇不赞同。在他眼里，这是臣不臣、君不君的典型案例。一个小臣敢于藐视君王的会见，可见他眼中没有君王，也没有人民。但桓公居然如此礼遇稷，这岂能以仁义视之？小臣稷故意躲避君王，逃避为国服务的责任，应受刑罚；如果稷不能真正显出治国才能，那就是欺骗君王，应当受死。齐桓公礼遇稷，那是既不懂仁义，也不懂治国理政。

至于齐桓公被人设问，要他答出一难、二难、三难的隐语，桓公答不出，去问管仲。管仲的回答是，第一种困难是亲近优人、疏远贤士；第二种困难是远离国家，经常到海上游乐；第三种困难是君主老了却没有确定太子。有人认为，管仲的这一回答不对，因为那三件并不是君王最难对付的事情。反倒是借力发力壮了声势却不伤自己丝毫——宠幸妃子却不让她得到与王后同样的名位；宠爱庶出却不致威胁嫡长子；听信大臣却不让他位势匹敌君王，才是三件真正的难事。韩非由此将齐桓公、管仲的美传彻底打破了：管仲的权威树立得比君王还高，治国理政怎能进入佳境呢？韩非由此引出自己的法术之言对治国理政所具有的极端重要性。

政治就是权力的获得与运用。因此，权力的排斥性是显而易见的。处理政治事务，不必要像儒家那样把赤裸裸的权力关系修饰为温情脉脉的道德关系，而应当直接从权力，尤其是君主权力如何有效运行上考虑问题。这样才能看到政治事务的本质，才能把政治事务处理好，既维护好君权，又治理好国家。

第二十七讲
辨明法术之治

世之治者不绝于中，吾所以为言势者中也。中者，上不及尧、舜，而下亦不为桀、纣，抱法处势则治，背法去势则乱。

——《难势》

明主之国，令者，言最贵者也；法者，事最适者也。言无二贵，法不两适，故言行而不轨于法令者必禁。

——《问辩》

《韩非子》中的《难势》《问辩》两篇可以合起来阅读。这两篇的核心都是“势”的问题。法家到韩非这里是所谓集大成了。从“法”、由“术”、借“势”，“法”“术”“势”三者构成了法家的总体思想。“势”是法家先驱慎子所强调的核心。慎子就是慎到，战国时期赵国人。

一、慎到的“势”

在《难势》这一篇中，韩非分三段阐发了“势”在操权治国之中的重要作用。第一段是对慎子的主张，做了一个简单的归纳。接着第二段韩非列举了有人对慎子的反驳，说用势实际上不足以治国。于是在第三段，韩非对反驳慎到的说法进行了反驳。因为韩非认为，反驳者并没有抓住慎到以“势”治国的特殊含义，而进行了一般的拓展，使其变得荒唐而不可信，并且也不可行。

对于治国而言的“势”的极端重要性，韩非是特别重视的。韩非在《问辩》中特别强调，一个君王要真正能够治国，必须做到“言无二贵，法不两适”，才能因势利导，才能把握优势，才能顺应大势，才能真正掌握趋势，才能使手中之权用好、用足而有效果。关于“势”的确立，慎到的论述其实并不复杂。慎子讲，飞龙之所以能驾着云彩而行，腾蛇之所以能够乘雾而飞，都是因为“势”。如果没有云雾，那么龙蛇和蚯蚓、蚂蚁是没有什么两样的，因为它丧失了益于飞行的势头。

那么，在治国理政的过程中，贤良的人屈服于无能的人是什么原因呢？反过来，无能的人能够制服贤良的人，又是什么原因呢？慎子的答案还是一个字——“势”。

慎到的主张是要反驳儒家一类的主张。儒家主张权势是不重要的，贤才才是最重要的，依贤而治才是关键的。慎到提到唐尧，告诉我们他之所以能教导百姓，之所以百姓能听从，就是因为他南面称王，有统治天下之势。如果没有这样的权势，他能够治理国家吗？当然不能。令不行而禁不止，这就是无权无势之人在社会政治生活当中的一种基本处境。所以慎到得出的结论是，仅凭贤才之能是不能够统治众人的，而只要有了权势地位，就能够让无论贤良的人还是不肖的人都能够服从。这确实触及君王与平民在治国理政上何以会有天远地隔的差异之根本所在：从政治上讲，有权才有势，无权即无势；有势足制人，制人可治国。

二、对慎到的反驳

有的人对慎到重势的这个主张表示不认可，理由是，如果舍弃贤才而专用权势，岂能治理好国家？这就犹如飞龙自身没有相应的能力，它还能不能驾云而行？腾蛇没有自身的特殊条件，它还能不能乘雾而飞？

在某种意义上讲，云雾这个外部的“势”、这个条件，对于能飞者还是不能飞者都是同样的。就像夏桀王、商纣王，尧、舜、禹三代圣君，所借之“势”其实都是相同的。在这种预设条件下，自身能力变得很关键。在治乱上，权势结构没什么差别。区别在于，用权的人是贤或不肖、暴君或圣君。但重视治乱之势的辨别还是很重要的。权势，既可以拿它来作为治理国家的便利条件，也可以拿来祸乱天下，更多的情况可能是后一种。因此，不能给无能之士增添优势，以免祸乱天下；需要给贤能之士增添优势，以保证天下得治。

提倡重视权势，等于就是给老虎添上翅膀，就是我们通常所说的如虎添翼。于是夏桀王、商纣王这样的暴君，用尽民力来修筑高台深池，甚至用炮烙之刑来残害人民。之所以有这么放纵的行为，就是因为这些暴君利用了他们的威势。因此权势一旦被不肖者掌握，他就会祸害天下。所以怎么能简单地去谈重视权势呢？

就像王良驾驶坚固的马车，他本身驾驶技术很精良，因而能日行千里，但是如果让一个奴婢来驾驶，那就会遭人耻笑。这和车马没有关系。关键是他们驾车的技巧相差太远。所以在社会政治生活中，什么人用什么“势”，这才是关键的问题。所以唐尧、虞舜驾驭权力，就能让天下平治；而夏桀、商纣王驾驭权力，就天下大乱。这也就充分证明，权势是第二位的。贤与不肖或者暴君与圣君之别，才是核心所在。

这样的反驳似乎是很有道理的，那么韩非会怎么样来应对反驳呢？

三、自然之“势”与人为之“势”

韩非的反驳也非常清晰。他特别强调两个重要的区别。第一，法术之士和贤良之士，也就是法家和儒家所讲的“势”其实是不同的“势”。虽然名称相同，但是内涵有很大的变化。通常所说的“势”大多数是自然之“势”。所谓自然之“势”，就是唐尧、虞舜得到“势”，他就能让天下大治；而夏桀、商纣王得到势，就祸乱天下。

在自然之“势”当中，即使有十个夏桀、商纣王那样的人，在尧、舜处于上位的时候，他们也无法祸乱天下。反过来看也是一样。如果夏桀、商纣王生来就处于上位，即使有十个唐尧、虞舜，也无法治理天下。因为形势本来就是天下大治，或者形势本来就是天下大乱，那么谁也没有办法逆转这样的形势。这个“势”，其实就是自然之“势”。

第二，法术之士认为，自己讨论的“势”，并不是在这个意义上来说的，而是指人为施用之“势”。简单来说，那就是在君王上不及尧、舜、禹那样贤良，下又没有夏桀、商纣王、周幽王那么昏聩，他就一中等资质，他善于利用趋势、优势和权势，来使天下得到良好治理。韩非子特别强调，他并不是在千世乱而以治，或者千世治而以乱这样的一个自然之“势”中讨论治乱问题，因为大多数社会政治的处境并不是在治乱的两个极端当中。如此这般的话，身处乱世，我们就只好等上千年，期盼圣君出现。

这确实符合政治史大部分的情况，实际上，人们去讨论这个“势”，是面对那些中等资质的君王，展开其治国理政的思考。治国的基本处境，也即是韩非一再申言的核心思想，那就是“抱法处势则治，背法去势则乱”。治国理政最关键的问题，就是能够在现实的政治处境当中，善于因势利导，以求治理国家，而不至于一定要等待千古一帝的尧、舜、禹，才去实现理想化的治理目标。这似乎是贤良之士一个最大的被动之处，因为他们一直将国家治理的希望寄托于圣君身上。但圣君不常有，治国乃常事，于是，人们只能翘首等待贤君。如果国家不治，就认为只是没有贤良圣君而已。

在国家可治可乱的情形下，对乱的畏惧，会使人抱有高度的警惕性，去想怎么样避免出现夏桀、商纣王和周幽王这一类暴君。倘若一味期盼圣君，一旦遭遇这类暴君，人们就只能坐以待毙。因为人们没有很好地、因势利导地治理国家。这就像驾驭马车一样，一定要等王良这样的最出色的人驾车，抑或是随意叫一个奴婢来驾车，这都是非常极端情形下的说法。其实我们可以设立制度，比如说，五十里就设一个驿站，不断地接力，那么一驾马车，可能只是一个中等资质的人驾驶，但却同样可以以非常快的速度抵达目的地。

从这个角度来看，韩非所强调的治国道理是，只要善于因势利导，在中等资质的治国者手中，在日常政治的状态下，也是完全可以把天下治理好的，而不至于始终徘徊在要么等待圣君、要么陷入昏君这样极端的政治思维之中。韩非的这样一个说法，比之于儒家基于极端政治情形设想的治国模式，更符合国家政治事务治理的日常情形，更切合日常政治的需求。也因此可以得出结论说，韩非的治国之思，并不是对君主专制的极端设想，而是对可行政治治理的设计。这是一种切中政治可行性的治理思路，是"务为治者也"的政治氛围中一种实实在在的政治理念。

四、君主如何用"势"

那么，对一个君王来说，如何真正才能够做到因势利导呢？韩非在《问辩》中，做了一个非常简略的说明。他特别强调，君王一旦掌握了天下，就要避免自己的各种昏聩，导致普通民众和论辩之士议论此起彼伏，而无法落定国家治理的大政方针。他这是强调，君王的号令一定是最尊贵的，一旦发出，非执行不可。

“言无二贵，法不两适”，强调了法则才是最适于处理事务的这样一个基本原则。因此，一个君王必须明确，在言行上不轨于法令者必禁。

一个乱世，常常是君主令不行而禁不止。君主有令，人们则去抗辩；法令虽行，则以私人行动规则校正。结果，君王多被这些“文学之士”，即儒家中人，否决了政治权威。结果必然是，国家完全得不到治理，君王大势旁落，民间议论纷纷。这反而又让人们认为，那些人士才是贤良之士、正直之士。那么请问，如此一来，天下如何可以得到治理呢？君王如何展现其英明睿智呢？国家如何保障它的发展趋势和治理优势呢？所以，“势”不可不重视，不可不详察，不可不牢牢把握在君主手中。

第二十八讲
法术之士的任用与为民

夫治天下之柄，齐民萌之度，甚未易处也。然所以废先王之教，而行贱臣之所取者，窃以为立法术，设度数，所以利民萌便众庶之道也。故不惮乱主暗上之患祸，而必思以齐民萌之资利者，仁智之行也。惮乱主暗上之患祸，而避乎死亡之害，知明而不见民萌之资夫科身者，贪鄙之为也。臣不忍向贪鄙之为，不敢伤仁智之行。

——《问田》

《韩非子》的第四十二篇是《问田》，这一篇跟此前的文章风格不太一样。此前的文章中心意旨展现的风格基本上可以说一以贯之，篇目就是命题，就是主张。但《问田》，其实只是取了文章首句的两个字作为篇名，并不表明整篇的论述主旨，而且在言说结构上也与其他篇章大不一样，那就是由两个段落，显示出两个指向，而这两个指向之间，似乎关系也不大。

这是不是说，这一篇可能不是原本的完整篇章呢？这个问题已经很难考证了。但是如果深入读解，会发现这不同指向的两段，事实上可能同样反映了韩非一以贯之的基本主张。

这一篇的第一段，实际上是两个人的对话，宣示了田鸠的墨家学派的主张。韩非子没有对之表示赞同或者反对，似乎采取一种不置可否的态度。但是田鸠的说法，应该是反映了韩非的一贯想法，即君王任用大臣要讲究规则。所以可以看得出来，先秦各家在论述具体问题时，是有某种共通性的，并不完全就是剑拔弩张、绝不调和的。

韩非在这里引用田鸠和徐渠的对话，局部反映了法家的这样一种思想：君王使用大臣得逐级升迁，而不能随意升迁。徐渠问田鸠：我听说聪明的人不经过升迁，就见遇于君王了；而圣贤的人不等到功绩显示出来，就得到君王的亲近了，这个就是不拘一格降人才。可惜像阳城义渠，虽然是英明的将领，但最早却只是做了个小小的屯长，而公孙亶回是英明的宰相，但也曾做过基层的官吏。原因在哪儿呢？田鸠的回答也非常清楚。他说：这证明君王是懂法度而有治术的，他没有胡乱地任用大臣，否则就像楚国任用宋觚而败坏了军政，魏国任用冯离做宰相而丢了国土，这叫用人不当。随意就赠予人高位，而没有验之以才能是不行的。没有经验积累的大臣，是很难恰当处埋好国政大事的。

为何会出现这样的现象呢？那就是楚国和魏国的君王都受到动听言辞的蛊惑，受了巧言令色的欺骗，因而才没有用基层职务来考验他们。没有基层官员的经历，没有相应的能力积累，一下授之以大任，当然会败坏军政，会造成国土的丢失。

韩非实际上是赞同学习墨家学说的田鸠这一说法的：任用官员不能够随意越级授官，使人得以无能无功而受爵。尤其是在春秋战国这样一个特殊时期，随意任用官员，很可能遭遇君亡国破这样的悲惨下场。

韩非这样的主张在春秋战国时期，其实并不是主流，或者说并不是诸子百家都能接受的任用人才的办法。相反，如果对君王提出这些劝诫，常常会导致君王的反感。因为在一个非常时期，君王常常行非常之法，使用非常之人，以求达到非常目的。这是乱世的普遍现象。韩非提倡以法度和治术来办事，并不能讨君王之好。就像今天的处境中，下级违背上级的意图，强劲谏言，一定要拨正上级的某种做法，那可真是吃力不讨好。韩非试图扭转用人的时潮，见识过人，见解超前，但让君主行礼如仪，确实非常困难。

守法度、讲治术的君王并不多。所以，在《问田》的第二段论述中，堂谿公对韩非说，当今之世遵守礼制、谦虚礼让才是全身而在、避免灾祸的最好办法；修养德性、收敛言行、隐藏才智，才是诸事顺遂的根本。可是先生你要建立法术规则，个人私下认为这可能会危及你的身家性命。意思就是劝韩非小心：你与随意妄为的诸侯君王们想法不一致，你怎么验证法术规则是对治国有用的呢？在很难验证的情况下，让自己身处一个非常危急的境地，那何必呢？

堂谿公举例说，你韩非讲过楚国因为不任用吴起，结果丢掉了土地，国家也混乱了；相反秦国任用了商鞅，变得非常富足强大。但最后吴起受到肢解，商鞅遭到车裂，这如何解释呢？这确实是世道不好、没有英明君主所导致的灾祸，这也是你韩非本身的结论。所以堂谿公讲，遇到好世道和英明的君王是非常偶然的事情，但是这个世上的灾祸避无可避，反而显得必然。因此在这样的处境中，舍弃一个诸事顺遂而不至于危及生命安全之法，是缺乏考虑而不足取法的。这个说法，可以说并没有直接挑战韩非的做法，但有一点劝诫韩非的意思。

在日常生活中，大家也能够体会到这一点。在各人都自觉聪明之际，尤其是你的上级领导自觉自己是当世不二之选，你却进言说他这个想法、那个做法是不对的，这不仅自讨没趣，很有可能轻者被“穿小鞋”，重则受到处罚，甚至遭遇意外。

那么韩非对堂谿公怎么表态呢？他首先强调，堂谿公所说的这个意思，其实他都明白，谁不知道当今天下对“君王”强行谏言的危险呢？

但是韩非在陈述了这层意思之后，态度立马转变。我确实应当接受堂谿公先生的教导，放弃我自己对政治的基本看法和在政治上的基本进路。可是有一个重要的原因，让我又不能够放弃，而必须坚持我自己选择的做法。因为我认为，确立法术、设置规则，是利于黎民百姓的事情——韩非的原话是“窃以为立法术，设度数，所以利民萌便众庶之道也”。这是他的辩词，我不是认为自己有多么聪明、多么了不起，也不是不为自己的生命安危而考虑，我之所以要强调法术之治，之所以强调规则之治，因为这是有利于黎民百姓的根本之道啊。因此我才不害怕昏乱君主惩罚我，我得想方设法去做那些有利于民众的事情，去寻找那些有利于民众的治国之道，这才是一种真正的仁爱明智的行为。

换言之，韩非认为，一心只想逃避死亡、祸患，那是贪生怕死的做法，他不愿意这么做，也确实不敢去做那些损伤仁爱明智的事情。他的潜台词是，一定要把立法术、设度数，作为向诸侯王们谏言的稳固的核心要素。这是一种建立在对政治大转型的明确认知基础上的主张和理念。基于这样的认知，韩非认定，必须大无畏地向当世君主们进言。

韩非进而说：感谢堂谿公先生你爱护我的好意，但殊不知这好意，只使我能够安稳生存，小事上诸事顺遂，但却让我放弃政治理想，放弃了人生意愿，放弃了我认为能够平治天下而有利于天下黎民百姓的政治主张。这其实就是在伤害我了。从这一篇作品能够看得出来，韩非对法术的效用是有绝对自信的，同时对可能带来的危险，也是心知肚明的。念及于此，不能不对醒悟时代之需的政治思想家在实际政治处境中的危险性，发出一声叹息。

可见，在“周秦之变”的最后关头，中国帝王治术的重新确立——作别当时人们所熟悉、所推崇的君主亲力亲为的“君政”做法，让君王从具体事务当中抽身而出来设计国家的统治法术，过渡到权力纵横、分工有致的“帝政”，既是大势所趋，也不免为难故步自封的人群：不仅一般人觉得不可理喻，君王也难以接受，因而进言者也常常处于危急的处境。而韩非不仅认识到这点，还要犯险而为，强项而谏，让人不得不佩服他在坚持自己政治立场上的自信和不计利害的顽强。

第二十九讲
“法”“术”相依，国方可治

术者，因任而授官，循名而责实，操杀生之柄，课群臣之能者也，此人主之所执也。法者，宪令著于官府，刑罚必于民心，赏存乎慎法，而罚加乎奸令者也。

今治官者，智能也；今斩首者，勇力之所加也。以勇力之所加而治智能之官，是以斩首之功为医匠也。故曰：“二子之于法术皆未尽善也。”

——《定法》

《定法》篇的核心内容是讨论申不害和商鞅，他们二人，一主“术”，一主“法”。在治国中，两者均不可或缺。这跟前面韩非讨论的慎到的“势”，有密切的关系——三者构成法家思想的三根支柱。韩非在法家思想史上的重大贡献之一，就是把“法”“术”“势”整合成非常系统的法家思想。在《定法》这一篇里，韩非集中讨论的是，“法”和“术”怎样紧密相连。

一、“法”与“术”同等重要

有人问韩非，申不害讲“术”，商鞅讲“法”，这两者哪个对于国家的治理来说更为重要呢？韩非的回答是，这不能做二者择一的比较和选择。人如果不吃饭，十天可能就会死；天寒地冻，不穿衣服可能也会死。到底是穿衣服还是吃饭对人活下来更重要呢？显然，对于生命的维持来说，两者缺一不可。同样，“术”和“法”，两者都是帝王统治天下的重要工具，也都缺一不可。原因在于，君王没有“术”，就会受到蒙蔽；大臣不守“法”，就会犯上作乱。

韩非对“术”和“法”做了非常明晰的界定。什么是“术”呢？就是根据能力来授予官位，根据民意来责求实效。什么是“法”呢？韩非说“法”有几个特征：第一，是由官府公布的法令；第二，人民心里清清楚楚，这些刑罚是绝对会实施的，而不是用来恐吓大家，虚有其名，赏赐也一定会给那些谨守法律的人。相比而言，“术”主要是对君王而言，“法”主要是对臣民而言。

韩非对于“术”和“法”的规定是非常有意义的。人们一般认为，韩非讲的“术”仅仅是心术权谋，显然这是不对的。根据能力授予官位，因任而授官，循名而责实，这可以说是治术在权能分工、名实相符方面的重要体现。后来秦国基于分工而建立了国家官僚体系，很好地使国家权力运行起来，以至于“汉承秦制，以为万世法”，在中国古代治术中发挥了很大作用。直到最近，美籍日裔著名学者弗朗西斯·福山在讨论现代政治秩序起源的时候，把官僚制国家、法治与责任制政府作为现代国家的三根支柱，他认为，第一根支柱，就是由秦朝提供的。可见，基于权力分工设计的秦制，对人类建构完整的国家权力体制是有贡献的。而这方面，韩非思想的价值是可以得到肯定的。

“术”的内涵有两方面。一方面是，国家权力的分工和恰当任用人才，这是具有积极意义的；另一方面，才是心术权谋。操生杀之柄，课群臣之能，这是人主内心秘而不宣、独掌权柄所要把握的东西。这种心术权谋，在中国从古至今的政治生活当中，确确实实发挥了非常负面的作用。

“法”消极的一面，则是从君主提供规则，变成驾驭大臣所要掌握的要领。但是韩非对“法”的上述几个基本特征的表述，可以说还是非常重要的，是那个时代法术之士对“法”的性质的一种意识上的自觉，一个国家治理理念上的重要理论突破。

韩非“法”的理念展现的一个重要政治与法律的突破，是从亲力亲为的“君政”演变为通过“法”“术”“势”来治理国家的“帝政”。这个重要的突破，是从礼治习俗治国向法律规则治国的转变。尽管其突破的彻底性不够，但国家建构的人为规则设计，在此确立了坚实的起点：法律不能仅仅是官府秘而不宣用来对付民众的工具，在“宪令著于官府”这一点上，韩非对法治的公开性做了重要的贡献。他的另一个重大贡献是，提出刑罚不只是一种威吓的工具，还必须在民心当中建立起权威性与认同感，要把法律的奖赏和惩罚功能及其对象区分清楚，以收到以奖惩维护国家秩序的效果。在韩非这里，“法”并不像后世中国那样，仅仅是一个惩罚工具，它有奖赏与惩罚的双重功能。尽管“法”“术”二者都是帝王统治国家的工具，但这一工具并不是帝王随意操弄的玩物，而是有规可循的想法与做法。

二、“法”与“术”不能脱离

在对申不害的“术”和商鞅的“法”做出地位同等

的判断之后，韩非进而强调，“法”和“术”不能够相互脱离。因为有人这样问韩非，只有“术”而没有“法”，或者反过来，只有“法”而没有“术”，可不可以？韩非明确表态，肯定是不可以的。他分别举例说明，申不害，还有商鞅的治国理念上存在的一些缺陷。他说申不害有“术”而无“法”。韩国是从晋国分出来的国家，晋国的旧法律没有废除，韩国的新法律又颁布了；以前君王的法令还没有撤销，而后面君王的法令又颁布了。申不害作为韩国的辅佐之臣，没有统一韩国的法令，于是各种奸诈之徒就使出计谋，遵循旧法令对自己有利就称道旧法律，信守新法令对自己有利就称道新法令。这样，申不害虽然使出浑身解数来帮助韩昭侯，奸臣仍然能以诡辩来对付他。

所以，即使强大如韩国那样，有万辆兵车，但十七年都成就不了霸业。原因就在于，君王虽然使用了申不害所说的治术，但是官府却不能致力于整顿法律，造成国家不能够真正地富强而称雄天下。与之相对的，就是商鞅。他在秦国设置了“告坐”之法，来责求告法的真实情况；使用了“什伍”之法，来迫使人们告状，否则就会以同罪论处；赏赐明确，刑罚果断，因此秦国人卖力工作，劳苦而不敢休息，追逐敌人不敢退却，这样保证了秦国军队的强大和国家的富裕。

可是因为有“法”而无“术”，所以秦国的君主没有办法辨认奸邪，结果国家虽然富强，但是反而有助于那些奸臣们谋取自己的利益。所以秦孝公、商鞅死之后，惠王继位，张仪就会牺牲秦国的利益去帮助韩国和魏国。武王继位，甘茂更是牺牲秦国的利益而经营周国的土地。秦昭襄王继位，穰侯魏冉越过韩国、魏国向东攻打齐国，打了五年都没有为秦国增加一尺的土地，但却增加了自己的封地；后来应侯范雎又攻打了韩国八年，但只是成就了他自己在汝南的封地，借国家战争发一己横财。

从此之后，在秦国掌权的，都是应侯、穰侯这一类人，大臣的地位更加尊贵，战争虽然取得了胜利，但却建立起私人的封地，君王完全没有办法查奸辨邪。商君尽力整饬法度，却反而帮助了奸臣来利用法的漏洞获取自己个人的利益。所以经过几十年的努力，即使凭借强大的秦国资本，也没有能够成就统治天下的帝王。可见，“法”与“术”是不能独行的，必须相倚而在、并行而立。从正面讲，这是韩非对治国规则与君主技艺必须有效结合原则的一个明智的告诫。

三、“法”与“术”还需完善

在韩非做了这样一番阐述之后，又有人问他：君王如果用申不害之术，而大臣们使商鞅之法，行不行？为此，他进一步分析到，其实无论是申不害讲的“术”，还是商鞅所重的“法”，都有可以进一步完善的地方，或者说各自都有缺陷。申子强调处理政事不能越过自己的职权，要谨守自己的本职，即使知道某些事情，只要是越过本职，也不能够随意进言。在韩非看来，在这个处理办法中，守住本职当然是没有问题的，问题在于，不敢指出错误，就会造成极大的治国障碍。君王之所以能驾驭整个国家，是因为在用全国人的眼睛来看问题，所以看得最清楚；是因为在用全国人的耳朵来听，所以听得最明白。如果“治不逾官，虽知弗言”，那么君王依靠谁来了解天下、治理天下？

至于商鞅规定斩获一个敌人的首级就可以在爵位上升高一级，给五十石俸禄；如果斩获两个敌人的首级，就晋爵两级，给一百石俸禄。韩非子对之评论说，官爵的升迁与斩杀敌人的功绩相对应，这一思路没有什么可批评的，但是举个例子就可让人们醒悟到这样做的荒唐。如果制定一部法律，规定斩杀敌人的首级就可能让他做大夫或者工匠，那么病也不可能治好，屋子也修不成。原因在哪呢？因为工匠是有自己独特手艺的，而大夫是要能对症下药医病的，现在却让杀敌有功的人去干，那么就与他们的专门能力不对称了。

举此一例，韩非把话头一收，商鞅规定杀敌多少、如何加官晋爵，那就等于说是治理政务，只要是杀敌有功的人都可以做。但问题在于，治理政务和杀敌有功是两种事情。治理政务需要才智，而杀敌有功的人依靠的是勇敢和武力。那么一份需要才智来做的工作，却让依靠勇敢和武力的人来承担，怎么可能处理得好呢？在这个意义上，申不害的“术”和商鞅的“法”，都需要进一步完善。这种完善，就意味着“法”与“术”不能隔绝。对于治国来讲，“法”与“术”必须是相依的。如果是执其一端，那么国家就不可能得到很好的治理。因此“术”和“法”在性质上的差异，并不等于在治国的实际过程当中两者就应该完全隔绝，让其毫无关联地独自发挥作用。

在韩非看来，申不害太过重“术”，是没有明白“法”的功能，只有“法”“术”相依，才能把比较混乱的法律整顿为大家都认为富有权威的治国理政的法度。反过来看，徒有法令，是可以使国家迅速富强，但法令总是有缺陷的。从今天我们对法律的认识来看，相对于治国理政的具体进程而言，一定之“法”，总有滞后性、原则性等特点，因而并不能够完全去规约臣民们的实际行为和当下取向，必须要治理国家的君王们有心术权谋，能够看清楚一些大臣借助于法律的漏洞或国家的强盛来实现他自己的私利的严重问题。“法”“术”之相依，由此得到了比较充分的论证，这也是韩非在综合考量春秋战国时期的政治变迁而得出的一个基本结论。这比儒家试图恢复周礼的“君政”传统，要更加适应变迁时代的实际需要。而且，如果从同时发挥君主的顶层设计与分工技能的积极性，以及臣下遵守规则与努力作为的积极性这个角度看问题的话，韩非所说，就更具有超越时代的普遍意义了。

第三十讲
治国矛盾的疏导

圣人之所以为治道者三：一曰利，二曰威，三曰名。夫利者所以得民也，威者所以行令也，名者上下之所同道也。

非此三者，虽有不急矣。

夫立法令者以废私也，法令行而私道废矣。私者，所以乱法也。而士有二心私学，岩居窞路，讬伏深虑，大者非世，细者惑下；上不禁，又从而尊之以名，化之以实，是无功而显、无劳而富也。

——《诡使》

《诡使》这一篇，核心思想是讨论或者说指责与治国本应秉持的原则相违背的一些做法。全篇的宗旨非常鲜明，主张君权至上、皇权至上，特别强调要对犯上作乱、怀有私心、倡导私学的人进行遏制甚至禁止。对那种不求名号、不从法令、不避刑罚、不听从君主调遣的行为明确加以谴责。这有一种倡导强权专断政治的意味。但如果从收拾乱世、重归秩序的角度看，则可以理解其良苦用心，并且从中醒悟治乱枢机所在。

一、圣人治国原则及其悖反现象

韩非强调，治理国家境界最高的人，也就是圣人，之所以能够把国家治理好，是因为秉持了三条基本原则，即很好地利用利禄、威权和名号。利禄用来干什么呢？在韩非看来，它有利于获取民心，所谓“重赏之下，必有勇夫”。威权用来干什么呢？是用来推行君王命令的，所谓“君命不可违”。如果没有威权，那么君王由上至下发布的命令，就得不到执行。名号用来干什么呢？那是君臣上下应共同遵循的基本原则，即“师出有名”。除了这三条之外，当然还有很多可以治理国家的措施，但是在韩非看来，这三条是最重要的。为什么这三条最为重要？简而言之，就是这三条决定了君主是否能够领导国家治理，手握物质利益，足以刺激人为之卖命；掌握了威权，足以促使人尽力服从；区分了名号，可以让秩序得以呈现。

但是令韩非遗憾的是，战国后期让人不满的实际状况。这体现为三个悖反现象。第一个悖反，利禄是存在的，但是人民并不为之而感动，所以功名利禄无法打动人心。这就麻烦了，民力得不到调动，民心得不到凝聚，国家就会陷入危机。换言之，君王的政治认同不能通过物质刺激建立起来。

第二个悖反，君主不是没有威权，但是命令传下去，调遣不动臣下。这也是一个很大的危机，政令不出宫闱，令不行而禁不止。这等于说，整个权力集团运转不起来，结果，统治的有效性呈现不出来。

第三个悖反，国家不是没有法度，但是官府治理政务却不以法度来行事。官府不照规矩做事，法规就成为一纸空文。官府将规矩悬搁起来，百姓就只会服从官员的意志。如此一来，国家还怎么可能得到有效的治理呢？

二、导致治国乱象的原因

身当这样的乱世，或者说身当君政转向帝制的关键历史时期，治国的基本原则是众人都明白的，也是客观存在的，可现实的状况是有时候政治清明，而有时候非常混乱。导致混乱的原因何在呢？韩非回答说，那就是君主的一切具体做法，与他本来应该秉持的上述三项原则完全背道而驰。

韩非为之列举了一系列具体表现。比如说，本来君王设名号，是为了表示尊崇；赠予名号表示君王的看重。但是在战国晚期，轻视名号、藐视实权的人，却被人们认为是清高。一旦有了这个清高之名，君主设立名号的作用就丧失了。君王设置爵禄，是为了区别低贱和高贵，但是实际情况却是怠慢君主、不愿为君主所用的人，被社会称为贤民，为君主所用的人反而被瞧不起。君王手握威权或者利禄，是为了推行命令，可实际上不求利禄、轻视威权的人反而被认为是持重的，反而受尊重。这就让社会走上一条完全与君主治国相反的道路上去了。

这样的悖反，在战国后期的表现形式多种多样。本来设置官职爵位是为了劝勉人民，让人民为君王、为国家做事情。可是在现实中，那些不求做官的人，反而被认为是刚烈之士。国家使用刑罚本来是为了保持威权，可是那些轻易就触犯法律并且不怕杀戮之祸的人，民众反而把他称为勇夫。人民追求生命之心本来是很强烈的，追求利禄也是很明确的，可是那些饥饿贫乏的志士隐居于岩穴之中，甘当隐士，让自己身体受苦以扬名天下……这一系列问题，对治国来讲，都很麻烦。正因为如此，所以一定要强调，君主必须要有号令臣民的能力，臣民一定要听从君主的命令。这是君主内心一定要明白的道理，是急之最急、重中之重。否则，政治规则怎么可能建立起来呢？政治统治怎么可能落实下去呢？

但可惜世间有无数类似的悖反现象，让治国理政的事务没有得到有效处置。韩非继续向我们举例说，那些忠厚、恭敬、纯朴、守信，做事很用心、说话很慎重的人，世间却把他们说成是拘谨，众口一词说这些人不行。那些坚决遵守法纪、仔细听从命令的人，人们却认为他们很愚笨，不够聪明。尊敬君主、害怕犯罪，人们视为懦弱、胆小、怕事。说话善于把握分寸、行为符合正道的人，人们视他们为不成材的人。没有异心、不信私家之说、听从官府教导的人，人们认为他们简单草率、鄙陋无比。君主难以征召的人，反而被视为正直的人，拒绝接受施与的人反被视为清廉的人，国家难以禁止的人反被称为强壮之人，有法令而不服从的人反被称为勇敢之人，不做对君主有利之事的人反被称为质朴之人，如此等等，不一而足，都令国家难以治理。

三、保证政治秩序的办法

有鉴于此，一个国家真正要得到很好的治理，一定要避免君主卑下而大臣尊贵；社稷要能够安宁，一定要避免浮躁尖刻、谄媚阿谀的人得到任命；要人民服从君主，一定要避免那些狡猾、巧诈、反复无常的人加官晋爵；法律要得到推行，威权要能够建立起来，一定要避免那些故意隐居而又非议时政的人名扬天下。而最最重要的是，需要保证国家粮仓充实，农耕才是根本之事，那些从事工商业者的人富裕只会起到反作用。同时，要想扩大城池、建功立业，一定要高度重视士兵从事耕战。韩非重视耕战的治国理念，由此凸显出来。

韩非对一些基本经济主张做了特别的强调。比如，要使战士的遗孤得到国家很好的照顾，而演戏陪侍的人，不能让他们穿着绫罗绸缎等，以此保证耕战优先，让国家足够强大。

在韩非子看来，主张私学是必须坚决加以禁止的。原因很简单，如果一个君王看不清那些不遵从法律、存有异心而信奉私家学说并且嘲讽时政的人，他们很可能就结成团伙，培植党羽，受到尊崇；主持国政的人，没有权威，这让那些位高权重的大臣反而有可能篡夺国政。

所以君王们一定要清楚的道理，就是要靠建立法令来立国家之规；而国家与私人（类似于今天国家与社会）的关系，一定要搞清楚，“立法令者以废私也，法令行而私道废矣”，即把国家法令跟私学完全对立起来。这一对立表述，有些令人遗憾。若跳出当时的背景，也许有更为妥当的、得以双全的做法，即公私兼顾、拒绝偏废。但是，在战国晚期，由于私学流行而公权不彰，私学通行，国家统一意志便处于废弛状态。

在这样的一种极端处境当中，韩非才提出一个恰好相反的主张——废私立公。因此我们也没有责怪他的必要，只不过，我们在现代背景下需要意识到，这样的主张确实是太偏狭了一点。为何确立国家法律权威，一定要废止社会意欲？为何法律要得到执行，一定要禁止私利呢？韩非断言，“私者所以乱法也”。这种完全对峙性的看法，把“公”和“私”的关系置于两个极端，其实是一种显见的偏执。但这不是苛求韩非的理由。因为即使在现代社会里，公权与私利也很难很好地统一起来。尤其是在公私对峙的处境中，人们为了自己的安全，都会对损害其利益的行为，诉诸共同利益而加以谴责，而难以诉诸个人利益加以肯定。

私心为什么是扰乱法治的根源呢？在韩非看来，因为私人有异心，奉行私家学说，就会隐居起来，思虑深重，非议时政，因此对于政治秩序是会有扰乱作用的；对于臣民来说也有祸乱的功能，就使人们不知道该听谁的，该怎么判断问题，该怎么样去面对国家法令和国家设置的尊卑贵贱的标准。如此一来，要想国家得到治理，那无异于异想天开。

需要强调的是，韩非这里所说的谋求私利，是特指与君王或者国家的利益相背离之利，而不是一切个人之利。基于此，韩非做了一个严格限于国家治乱的公私区别，遵循私道的国家一定会混乱，遵循法度的国家一定会得到平治。仅从国家法度是否得到遵从的特定角度讲，韩非此说有其道理。如果国家法度不受遵从，遵从私道的风气泛滥，国家确实得不到好的统治秩序。这种说法有其让人遗憾之处，因为春秋战国私学的流行，推动了百家争鸣的思想繁荣，窒息私学生机，等于中断思想繁荣的局面。但需要指出的是，周代本无私学，"学在王官"，是因为社会动乱，才让王官之学无以整合社会，私人讲学蜂起。因此，要想整治乱局，禁止私学，就成为理顺国家治理方式上恢复旧制的想法。这不过是治乱之中的一种惯常思路而已。需要受到责备的，不是韩非，而是在"公""私"的现代分流发生以后，仍然想尽一切办法、穷尽一切手段试图维持厉禁私学的专制主张。

第三十一讲
治国中的实效原则

奸伪无益之民六而世誉之如彼，耕战有益之民六而世毁之如此，此之谓六反。故明主之治国也，适其时事以致财物，论其税赋以均贫富，厚其爵禄以尽贤能，重其刑罚以禁奸邪；使民以力得富，以事致贵，以过受罪，以功致赏而不念慈惠之赐，此帝王之政也。

——《六反》

韩非在《六反》篇中首先指出了治国过程中出现的六种悖反现象。为何指这六种现象是悖反现象呢？那就是因为，在国家治理的政治原则上，本来应该被贬斥的事情，却在官民双方那里受到了称颂，这就是所谓悖反。出现这些悖反现象，对国家治理来说是绝对不利的。为克制这六种悖反现象，必须秉行法术之治的原则，拒斥“虚旧之学”。

一、六种悖反现象

韩非所列举的这六种悖反现象是怎样的呢？

第一种现象，是畏惧死亡、逃避危难，这本来是投降当逃兵，可是世间的人们却尊重他们，认为他们是珍惜生命。

第二种现象，是学习儒家的道义之学，却背离法度。本来这是不利于国家治理的，可是人们却称赞那些人好有学问。

第三种现象，是旅居各国或者游说各国，享受着丰厚的供养的人，本来是不劳而获的现象，应该受贬斥，可官民们却尊称他们有能力。这是劳心、劳力分流以后的普遍现象。

第四种现象，是巧辩多智、虚伪狡诈的人，本来人们应该贬斥他们，可是实际上却在称赞他们是善变聪慧之人，应该向他们学习。

第五种现象，本来拿剑杀人的人是非常残暴激愤的，应当遭受谴责，可是世人却认为这样的人是刚直勇敢的人。

第六种现象，救助乱者、藏匿奸邪之人，本来依法当予处死，可世人却称他们心地善良，因而享有人间美誉。

相反的六种现象如下。第一种就是积极从事对国家法度的建立、对国家富强有利的事的行动者却受到人们的批评。那些奔赴危难、展现忠诚以至于牺牲性命，为节操而死的人应该受到表扬，但是官民都把他们贬斥为死于算计的人，真是不知区分轻重、大小与利害。

第二种就是见识不多但服从命令、恭敬守法的人应该受到表扬，但是官民却贬称他们粗俗鄙陋，不值一提，结果大家都犯上作乱、不守法度。

第三种就是努力耕作、自食其力的人致力于创造财富，本来是应该受到赞美的，可是世人反而觉得他们也不过就是自食其力而埋头修理地球，所以认定他们太缺乏才能。

第四种就是那些温润敦厚、行为端正、心地善良的人，本来也应该受到人们的称赞，人们却认为他们是愚笨憨直的人。

第五种就是重视君命、尽承君王之事的人，这本来也是应该受到表扬的，可在人们的眼里他们却是胆小怕事之人，于是受到批评。

第六种就是打击乱贼、遏制奸邪，本来是让君主耳聪目明的人，有利于维持政治秩序和君王权威，可是世人却贬称他们阿谀奉承。

对国家无益的六种人受到称赞，而对于国家有益的六种人却受到批评，这就是韩非所说的治国进程中存在的六种悖反现象。

二、导致六种悖反现象的原因

这六种悖反现象是怎么导致的呢？

在韩非看来主要有两方面原因。一方面是百姓从自己的私利出发，称赞他们所要称赞的对象，君主一听到百姓中间传来的这种虚名，也礼遇这些人，结果对自己统治不利。另一方面，百姓又从自己的私利出发，去指责那些他们不喜欢的人，君主受到这种世俗之见的蒙蔽，就看轻那些人了。结果应该受到表扬的人却受到伤害，应该受到批评的人在得到礼遇之后更有利可图，这就会使“私”与“公”、私利谋求跟国家富强处于背离的状态，这对国家来说那是非常糟糕的事情。

这是韩非基于常态的一种分析。众口一词、人云亦云，是社会政治生活中人们难以免俗的场景。君王稍有松懈，也会陷入其中。除非具有精准的判断力，否则很难超越俗见，确立有效的治国方略。

三、解决悖反现象的方法

韩非强调，为了作别这类悖反情景，一定不能简单地以父母对子女的关系来处理国家大政。因为按照儒家的一般思维，只要确立一种连贯关系，即“君子之事亲孝，故忠可移于君”，问题就可以得到解决。把君臣和父子之间的关系，就是政治和血亲之间的关系直接贯通，是不是就能处理好治国事务呢？韩非不以为然。他认为孝顺与忠诚，是分属于家政和国政两类不同的事情。他指出，其实君臣上下之间的交往，并没有父子之间的恩情，你怎么可能以父子那种血缘关系处理好君臣上下的关系？以不相干的两种事务之间并不存在的贯通性作为处理国家大事的依据，一定会出问题的。所谓“今上下之接无子父之泽，而欲以行义禁下，则交必有郄矣”，即以父子关系处理君臣关系，实行道义以约束臣下，两者是关联不起来的。

很显然，韩非对儒家那种以父母子女之爱来处理君臣之间关系的原则，是完全不同意的。他认为，这样的一种说法，完全是不熟悉君臣之间与恩意之情有别的一种欺诈之言，凡是英明的君王，都不应该接受。一个圣人治理国家，在韩非看来必须“审于法禁，法禁明著则官法；必于赏罚，赏罚不阿则民用。民用官治则国富，国富则兵强，而霸王之业成矣”。这是什么意思呢？就是说，圣人治理国家，一定要仔细地考虑法律禁令，法律禁令明白显著，官吏就会循规蹈矩，赏罚必须得到执行，那么民众就会从内心服从。人民肯效力于官吏，国家有规矩可寻，那国家还不富强吗？称霸天下，才是君主最大的利益。用好前面所说的治国三大原则，君主可成霸业；臣民所求的是荣华富贵，这是他们的利益所在。他们会为之前赴后继、涉险献身。只要君主不空谈仁德，臣下不口诵忠诚，就可以称霸天下了。

因此，在韩非看来，英明的君主治理国家，一定要抓大放小，确立法度，明了治理国家的根本所在。韩非举例说，母亲对孩子的爱护可能是父亲的两倍，但父亲命令的权威性，却可能是母亲的十倍。官吏对人民可能没有爱护之情，但是官吏命令在人民中得到执行的可能，又是父亲的一万倍。为什么会如此呢？最关键的问题，就是要确立法度，建立威严之势，要让人民明白大爱之所在究竟在哪里，否则一个国家很难得到治理。

对韩非来说，治家与治国也不是绝对切割开来的。就像一个平民之家，如果饥饿寒冷的时候大家共同忍耐，而劳苦的时候相互劝勉，那么即使遭遇战乱之灾、饥荒之难，他们仍然是可以安然度过的。但是那些拿着衣食来共同享受、拿着悠闲安乐来相互施惠的富贵之家，一旦遇到凶灾荒年，嫁妻卖子也是在意料之中的。在韩非看来，治国的道理也差不多。法治开始施行的时候，可能对按习惯生活的人们来说会觉得难以接受，认为是非常艰苦的，但它符合国家长治久安的利益。而儒家的主张和办法，恰恰是一种苟且享乐而后来受穷的办法。

所以，韩非认为，儒家禁止刑罚或者用轻刑，其实是连一个基本道理都不明白的可笑的主张：用重刑能禁止的行为，用轻刑就不一定能禁止得了。在这个意义上来讲，如果把轻刑之道当作所谓爱民之道、治民之道，不仅是在祸乱国家，实际上也是在给人民设陷阱。因为让人民不清楚国家怎样才能够得到治理。因此，韩非特别强调，一个国家真正要得到治理，英明的君主一定要清楚一个基本道理："故明主之治国也，适其时事以致财物，论其税赋以均贫富，厚其爵禄以尽贤能，重其刑罚以禁奸邪；使民以力得富，以事致贵，以过受罪，以功致赏而不念慈惠之赐，此帝王之政也。"这就是说，要在获取财物的时候讲究时机，在平均财富的时候一定要以赋税的办法，一定要有丰厚的爵禄赏赐给贤能之人，一定要用重刑来禁止奸邪，一定要刺激民众凭自己的力气来获得财富，从而通过做事来获得高位，通过立功来获得赏赐，不要一天到晚指望君主小恩小惠的赏赐，这才是帝王的治国之道。这是韩非开示将要登上历史舞台的帝王：小恩小惠不足以治理大国、强国，唯有法术之治才足以铸成帝王霸业。

这个道理很简单明了，但它不是空言虚语，必须在实践中才能兑现。“参验”在这里再一次成为韩非的论说重心。他指出，一个英明的君主，治理国家一定要“听其言必责其用，观其行必求其功”，只有如此才能不谈“虚旧之学”，不饰“矜诬之行”。简单地说，就是英明的君主听一个人的言论，一定要去追究功用，观察他行动的效果，那些不切实用的陈腐学说就无人再谈，虚矫之言就得不到粉饰。如此一来，国家就可以得到很好的治理。韩非的这一席话是不是有些道理呢？确实是有道理的。他促使我们确信，治国必须守持住实功实效的基本要领，诉诸往古、天花乱坠之说，都于治国无益。这对现代国家的治理来讲，也是一个有益的提示。

第三十二讲
防御异端邪说的危害

为故人行私谓之不弃，以公财分施谓之仁人，轻禄重身谓之君子，枉法曲亲谓之有行，弃官宠交谓之有侠，离世遁上谓之高傲，交争逆令谓之刚材，行惠取众谓之得民。不弃者，吏有奸也；仁人者，公财损也；君子者，民难使也；有行者，法制毁也；有侠者，官职旷也；高傲者，民不事也；刚材者，令不行也；得民者，君上孤也。此八者，匹夫之私誉，人主之大败也。反此八者，匹夫之私毁，人主之公利也。人主不察社稷之利害，而用匹夫之私誉，索国之无危乱，不可得矣。

——《八说》

《韩非子》接下来的这几篇，都是韩非力辟其他诸家学说，而立己说的篇章。这个宗旨，在韩非的思想中一直是一条非常显明的主线。《八说》，就是他对八种可能于国家非常有害的主张进行的批驳。批驳之余，韩非着重指出了国治与不治的界限：祛除仁义，建立法制，国家方可治理；反之，国家就会失于治理。

一、“八说”的内容

韩非以举证的方式，指出八种主张对国家来讲，都是非常有害的。譬如，人们竟然把替老朋友徇私情称为不忘旧。把拿公家的财产来施舍众人的人称为仁爱之人。那些看轻功名利禄、只重视自己的人，被称为君子。违背法度偏袒亲戚的人，被认为是有德行的人。那些放弃官职、注重交情的人，被称为有侠气。脱离世俗、逃避君上征用的人，被称为高傲。相互争斗、悖逆法令的人，居然被认为是刚直之才。用恩惠笼络民众，被认为是得民心。

在韩非看来，这八种说辞，尽管受到百姓私下的赞誉，但对国家是非常有害的。为什么呢？因为不忘旧，其实就证明官吏有奸邪。所谓仁爱，实际上使国家的财产遭受损失。表扬一个人是君子，实际上说明民众是不听使唤的。所谓有德行，其实只证明法治遭到了破坏。

而所谓有侠气，说明官府的事务已经荒废了。赞扬高傲，说明民众不认真从事生产。而推崇刚直之才，说明法令没有得到执行。至于所谓得民心，更说明君主被那些人孤立。这八种人受到平民老百姓私下赞誉，但对于君主来说确实是大祸害。而君主失察，竟然在治国时随大流，那国家肯定会陷入危险和动乱的。

二、君主的用人之道

韩非强调，对一个国家来说，不受这八种主张的蛊惑，真正正确用人，实在是关系到国家存亡治乱的重中之重、关键之关键。如果没有正确任用官员，那么治国理政就必定会失败。君主任用的人才，不应该是那些巧言令色的才智之士，或者是所谓修身高洁的人。因为才智之士很可能不守信，而君王因为重视他们的才智，所以对他们可能就认识不清，才智之士就会反过来利用得到的权势去谋取自己的私利，君王就会受到蒙蔽。而修身高洁之人，就是有道德美名的人，为何也不可用呢？因为这样的人专事修身而不明白政理，其实是愚蠢的人。如果他们占据正式的官位，那政事一定会陷入混乱。可见，如果没有正确的办法任用官员，那么才智之士会欺骗君主，修身之士会扰乱政事。

一个英明的君主，让地位低贱的人评议地位高贵的人，惩办那些不禀告上级犯罪的下级，以多方比较来辨明事实，不偏听偏信而听无门户，即便是足智多谋之人，也无法欺骗君主。计功行赏、以能授权、比较得失、惩治过错、赏赐有功，让愚蠢的人无法得到官位。只要这两种人被杜绝在官府门外，治国理政就不至于出现大的错误。韩非的这一议论，切中了国家治理中用人的重要原则。即便是在今天，这两种人对国家治理的有害性，也还是需要警惕的。

三、弃用私学之士

韩非举例说，孔子、墨子这样博学多才之人，却不耕田劳作，他们对国家能有什么样的物质贡献呢？曾参、史鳅那样行孝少欲，受到民众的赞誉，但他们不战斗攻城，国家能得到什么利益呢？平民百姓确实有自己不思劳作而求显贵、求富足的私利追求。但对于君王来说，则要废止这些私学，而修明法度，堵塞个人的便利而专一于论功行赏，这样才能保证国家的利益不受损害。

在韩非看来，公私取向在治国之中是不可能两全其美、兼而得之的。韩非的分析很简单，很明了。他说设立法律来教导人民，却又保存私学，那么人们对遵循法律就必然产生怀疑；赏赐功绩来激励人民，却又遵从所谓品行端正的人，那么人民一定就会懈怠而不努力进行生产。

由于在治国理政中，赏赐公利与便利个人处在对峙的状态，因此必须取其一则弃其一。假如想做到两全其美，并且实现国家富强的目标，那是绝对无法办到的。这里需要注意韩非言说的特殊语境，那就是从国政高度看待公利与私便，它们的关系是对立的。至于在其他方面是否如此，韩非的论述阙如。因此不宜将韩非专指的论述推而广之，并就此对他进行指责。

四、韩非的历史观

韩非确实对政治秉持一种现实主义的态度，这对韩非来说非常重要。因为只有采取这样的态度，他才足以直面现实政治状况，并依据其现实认知，展开其法术之治的实际政治运思。何以他会有这样的一种态度呢？一方面，这与韩非著作通篇呈现的现实主义取向，具有极为密切的关系；另一方面，则与韩非直接论说背后的强大历史哲学理念相关。

韩非总结一部人类历史，用非常简单明快的语言说明了历史演变的大趋势：因为遭遇历史的重大变化，古之法不能用于处理今之事。从大历史的角度来讲，这一演变历程体现出一条变化的线索，即“古人亟于德，中世逐于智，当今争于力”。也就是说，古代人极为需要的是道德，而中世人们追逐的是智谋，眼下人们竞争的是实力。一时一势，人类没有古今贯通的一贯法则。在战国晚期这样一个竞逐实力的时局条件下，讲才智、讲修身，那就是务虚而不能务实，导致的结果，就是国家不能得到很好的治理。在这样一个大的历史背景之下，韩非以其历史哲学的建构，归纳总结了古代的人和当时的人，在处理重要事情上的重大差异。

古代的人事情少，设备简陋、不精巧，比如，用蚌壳做生产工具，使用的也是手推的小车。并且那时的人少，所以相互亲近，相对物产显得丰富，因此人们轻视财利，也容易相互谦让，这就有了儒家一再歌颂的、拱手禅让天下的事。可见，那是物质条件简陋所注定的政治形式。

但是在韩非所处的复杂的时代，乃是“大争之世”。如果再去实行禅让，推崇慈惠，称颂仁义和忠厚，那么实际上就是用古代手推车的办法来处理今天复杂的政务，完全不可取法。因此在韩非看来，“处多事之时，用寡事之器，非智者之备也”，多事的时代用少事时代的器具，这不是聪明人该用的设备。而“当大争之世，而循揖让之轨，非圣人之治也”，就是遭遇竞争激烈的时代，还去推崇禅让，这哪是圣人的治术呢？

一句话，身当复杂之世，不要去做简陋古时的事情。如此看来，韩非似乎将整个政治治理的基本原则轻易地就抛弃了，其实不完全如此。韩非强调，法度是用来制约事情的，做事是用来建立功绩的，因此建立法度遭遇困难那是一定的。为此，人们就要权衡其利弊大小，如果利益相较更大，那么就要努力去做。没有困难而能够建立法治，没有损失而能建立功绩，这在韩非看来是天下不可能有的好事。

第三十三讲
治国的“八项基本原则”

凡治天下，必因人情。人情者有好恶，故赏罚可用；赏罚可用则禁令可立，而治道具矣。君执柄以处势，故令行禁止。柄者，杀生之制也；势者，胜众之资也。废置无度则权渎，赏罚下共则威分。

参伍之道：行参以谋多，揆伍以责失；行参必折，揆伍必怒。不折则渎上，不怒则相和。折之微足以知多寡，怒之前不及其众。观听之势，其征在比周而赏异也，诛毋谒而罪同。言会众端，必揆之以地，谋之以天，验之以物，参之以人。四征者符，乃可以观矣。

——《八经》

《八经》篇，中心在确立治国的基本原则，被人解释为“八项基本原则”，即所谓因情、主道、起乱、立道、周密、参言、听法、类柄。其指向都是君主如何把握权力，如何保持自己地位稳固，而能够有效地约束臣下、治理臣民，避免大权旁落，从而保证国家得到有效的治理，能够实现称霸之功业。

一、赏罚到位

第一项是因情。韩非讲，“凡治天下，必因人情”，即必须要顺应人的天性。那人有什么样的天性呢？其实就是好恶之心，有喜好、有憎恶而已。因着这样的天性，君王所掌握的赏罚权柄，就必须要恰当使用，法律禁令才能确立起来，治理国家的道术也才会因此齐备。君主掌握权柄，是因为他处于一个有利的地位，所以他下命令会被执行，他想禁止事情就能制止。所以君主的权柄就是生杀予夺的制度，而他的势位——君主之位，就是控制民众的资本。

但如果法令的废除和确立没有节制，君主的权势就会受到怠慢；和臣下共同实施赏罚，他的权威就会被分解。因此韩非讲，一个英明的君主不该因为喜欢某个人就听他的话，不该只依据喜欢的东西来进行谋算。他必须在听取众多意见的时候加以比较权衡。因此，韩非特别强调，君王行使权力要像天一样公正，而任用官员要像鬼一样隐秘不可测。所谓“行之也天，用人也鬼”。这句话，前半句从积极面上讲，可以说怎么赞同也不过分；后半句从消极面上讲，则怎么批评也不过分。

韩非为了巩固君权，确实提出了一些似乎是“馊主意”一样的办法。对这些主意，需要分析。如他强调的用人核心，“用人也鬼”，就不能被解读为“用人如鬼”，前者强调，要很好地让臣下忠实于君王或者国家的利益，保证赏罚能够到位，需要君王对自己所立的制度想尽办法真正地推行下去。后者所说，则是将臣下不当人用，而当鬼使。韩非所设想的一切用人方法，围绕的原则其实都是有功者必赏，有罪者必罚，这就是治国理政的基本原则。

二、君主之道

韩非强调，由于君王一个人的力量制约不了众人，一个人的智慧应付不了所有的事务，因此作为君王治国之道的第二项——“主道”，就特别强调君王要善于使用全国人的力量。因为君王以一个人的智慧和力量去敌对万物，万物一定取胜。如果君王这样做，他预测得正确，他自己也会受累；预测得不正确，那就要承担过失了。

这一说法颇合现代强大国家的治国原理。像托克维尔在19世纪30年代预测美国称雄世界的时候，就依据的是美国是世界上唯一一个成功动员全体公民力量的国家，如此这般的国家，其国力岂是那些单纯依靠政府、仅仅依靠贵族的国家所媲美的。

韩非依据动员对象的广狭，把君王分成三类。第一类是下等智力的君主，空耗自己的才能也治理不好国家。这种君王可以说为数甚众。第二类是中等智力的君主，他会使用臣民的力量来实现自己的目标。当然韩非最推崇的是第三类，也就是上等智力的君王，这样的君主，能同时使用臣民的力量和智慧。说到底，治国就是一件集合众人智能的工作。君王要一一听取公众的意见，并且公开讨论。如果不一一听取意见，就不能区别愚蠢和智慧；如果不公开讨论，君王就会犹豫而不能做出决断，那么事情就不能及时得到处理。从众人的意见中独立自主地选取一种，别人就不可能左右君王的想法，同时众人的才能和智慧也可以得到很好的集约，也就能够在君王身上得到很好的呈现和发挥。从这一点来说，君王本身有成有败，但君王要学会在其中掌握成败、赏罚的根据。事情成功，那么是君王之功；规划失败，则大臣承担过失——掌握住这样一个分水岭，君主统治国家就会像神明一样，臣下也就会尽心尽力，而且没有办法利用君主的威势。君之道，也就所谓“主道”，便因之而具备了。

三、警惕祸乱

第三项——起乱，韩非在这点上提醒君王，治国理政发生混乱有六种原因，英明的君王一定要以公私之分审度利害，让奸邪无机可乘，避免陷入混乱。具体讲，导致混乱的六种原因是什么呢？那就是主母、后姬、子孙、弟兄、握有权柄的大臣和声名显著的贤士。韩非说，为了禁绝这六个导致祸乱的根源，一定要根据礼制来定立等级名分。用等级名分或者法律、权势来责求臣下，主母就没有放肆的余地。进一步根据礼制来订立不同的名分、名节，后、妃之间就不能随便攀比。势位不要分给庶出之子，嫡长子和庶子之间就不会发生争夺。权力势位不失，兄弟不互相侵夺，官员不同出大臣之门，就不会受到大臣的蒙蔽，皇帝行使权力施行必应。国家之功加以赏赐，声名显著的贤士就不会扰乱国政。

在韩非看来，说到底，要使一个官员很好地忠实于君王的利益，必须用三种办法，他命名为“质、镇、固”。所谓“质”，就是把官员亲戚、妻子当作人质；所谓“镇”，就是用丰厚明确的爵禄安抚；所谓“固”，就是用参验比较的方法来择求实效。如此，就会避免以下犯上，从而使小患不至于引发大乱。

韩非讲，大臣们常常是想蒙蔽君主的，其实办法不过是两个：一个是诡诈；一个是变异。看到功就赏赐，看到罪就诛罚，那么诡诈之法就会止息。因此必须要铲除像游祸、狎贼、增乱、卷祸、弹威这样一些祸乱发生的根源。如果君王能真正了解这五种灾祸，他的位置就会很牢靠，否则就会处于危殆状态。这些设想，自然有明确偏向君权的特征，但从权力应用的要领来讲，韩非所论，也确实切中要害。试想，不采用上述种种维护权力的办法，又想权力不致流失，那是绝对不可能的事情。在社会政治日益复杂的今天，其中一些主张也是具有现实针对性的。否则，权力之乱，即是全局之乱。

四、参伍之道

第四项——立道。韩非在此特别强调了参伍之道。所谓参伍，那就是要用错综比较加以验证的方法，来保证君王能够很好地控制大臣，使得大臣不能随意蒙蔽、欺骗君主，不能随意分夺君王的权威。为此，韩非拟定了诸多驭臣之法，这些方法可以说都很实用。当然，诡使、倒言、论反、卑适、作斗、泄异等做法，常常为人们诟病，这可以说是开中国君主阴谋政治之理论先河。但是在战国那个乱世或者说非常情景之下，如果一个君王不以参伍之道来真正有效控制大臣，那么大权就会旁落，秩序就会丧失。

坐实参伍之道，需要天时、地利、物我、人事综合起来考察。循此，韩非对种种人物与事端的可靠考察方法的论述，确实抓住了维护权力的有效做法。君主们确实可能从中明了透过迷惑人的表象探知事情真相的不同进路。这是充满古代智慧的政治认识论言说。这比儒家"亦有仁义而已矣"的道德说教，是远为实用的维护权力指南。

五、言行周密

第五项——周密。韩非在此处强调了英明的君王一定要讲究言行的周密。如果他自己的喜好被臣下了解，那么臣下就会以之来谋取恩德。如果他自己表现出愤恨，那么臣下也会利用这一点分有君主的威权。所以，一个君王不能够轻易表现自己的喜怒哀乐，否则就会为大臣所利用。在这个意义上可以说，由于民众本性上总是想求取私利和名誉，因而英明的君王一定要以十个人的智慧来考察一个人，而不能以一个人的智慧来考察十个人。

如此一来，君主就能获得爱智慧之名和赏罚的实利，名利双收，控制国家的结果自然就会降临。

六、听言审验

第六项——参言。韩非在这方面特别强调的是听取意见的具体有效办法。所谓参言，强调的就是君王听取意见而加以参正比较，就能辨认奸邪；如果听取意见不进行交互检验，就没有办法去责求臣下。韩非对言语的功能看得很透彻，他说，面对一件事，假如众人都这么说，君王就会相信。基于这样的言说处境，一个有道之主，必须要“听言督其用，课其功”，如果任事者不足以去办这件事情，那就要免官收印；对夸夸其谈的人，一定要加以责实和惩罚。所以英明君主在高兴与愤怒的情绪转变时，需要采取不同的言行检验方法，才可以保持参验而避免被臣下蒙蔽。君主要求臣下进言只能单刀直入，不能模棱两可；不能擅自采取行动，必须参验其他事情。如此一来，奸邪之言就无从上达了。

七、法的权威

第七项——听法。韩非强调民要有所畏。官吏权势太重，就会使法度丧失。法度丧失，君上一定会昏昧。

而君上昏昧，官吏一定专权妄为，导致民众对法无所敬畏。所以英明的君主一定要选出那些能够承担具体事务的、尽力忠于职守的人，赏赐那些立功的人。这样才能使得国家得到治理。所以韩非直接将“明主之道”定位为“赏必出乎公利，名必在乎为上”，被奖赏的人，一定是对国家有贡献的；被授予荣誉的人，一定是为君王出了力的。民众也就会因为赏罚明确而追求奖赏并以之为荣，以受到惩罚并以之为耻。如此，国家便一定能得到很好的治理。

八、推崇法度

第八项——类柄。韩非特别强调，治国中最关键的是要避免一个国家成为无常之国，要使国家成为有道之国。无常之国，臣民轻易犯上，“尊私行而贰主威”，君王的权威得不到保证；“行财纹以疑法”，臣下大肆行贿让人们怀疑法的权威；“听之则乱治，不听则谤主”，君王的位置就得不到保护，法律就得不到执行——这就叫无常之国，也就是没有法度的国家。

与之不同，在一个国家，臣下不得通过私利人欲而获得荣誉；不得把为私家谋利作为功劳；功劳的获得一定要依据国家法度。靠设立法度来治理人民，确保赏罚以竭尽人民的智能，明确诽谤赞誉来勉善和止恶，以名号、赏罚、法令三者相互配合，保证大臣有德行并遵从君主，百姓有功劳而对君主有利，这样的国家就叫作“有道之国”，也就是有法度的、清明的国家。

韩非上述分析，中间当然容有很多阴谋政治、权谋政治、心术政治的成分，但剔除其中一些阴暗的成分，对于解决周代分封政治的弊病，解决诉诸战争手段的诸侯争执，进入帝制时代的大一统政治，他的诸般设想，又确实自有其效果。

第三十四讲
对“蛀虫”和“显学”的批判

是故乱国之俗，其学者，则称先王之道以籍仁义，盛容服而饰辩说，以疑当世之法而贰人主之心。其言古者，为设诈称，借于外力，以成其私而遗社稷之利。其带剑者，聚徒属，立节操，以显其名而犯五官之禁。其患御者，积于私门，尽货赂而用重人之谒，退汗马之劳。其商工之民，修治苦窳之器，聚弗靡之财，蓄积待时，而侔农夫之利。此五者，邦之蠹也。

——《五蠹》

孔子、墨子俱道尧、舜，而取舍不同，皆自谓真尧、舜；尧、舜不复生，将谁使定儒、墨之诚乎？殷、周七百余岁，虞、夏二千余岁，而不能定儒、墨之真，今乃欲审尧、舜之道于三千岁之前，意者其不可必乎！无参验而必之者，愚也；弗能必而据之者，诬也。故明据先王，必定尧、舜者，非愚则诬也。愚诬之学，杂反之行，明主弗受也。

——《显学》

阅读《韩非子》一书，已经越来越接近尾声。我们也越来越感觉到，韩非为了能够确立法度之治或者法术之治，在力辟众多“邪说”以确立自己的论说上，变得越来越凌厉，越来越严峻，立场越来越鲜明，越来越严格廓清各种主张之间的边界。《五蠹》篇和《显学》篇，旨趣相同，都是要反驳韩非所瞧不起的或者认为是错误的各种主张。

一、世变而事异

在《五蠹》篇，韩非特别对五种所谓“蛀虫”——学者、言谈者、带剑者、患御者和商工之民，表示了极大的轻蔑。在韩非看来，这五种人都是不了解时异、世异的社会变迁，而固守在过去的治国方略之中的人。对此，韩非主张，一个国家要想真正追求富强，就必须清除无益于耕战的五蠹之民。他提出，只有“以法为教”“以吏为师”“以斩首为勇”，才能统一天下，统治国家，实现富强。这可以解读为他对秦制之为帝制的崛起所做的规划。

韩非的这些议论，大致可以分为三个层次。第一，就是前文也提到过的，韩非有一套自己的历史哲学的说辞；第二，这套历史哲学的说辞，用以解释中国从上古到当世政治史的一些经验事实；第三，从实际治国之成功或者失败这一分界，来具体讨论问题。在这三个层次，韩非特别强调，上古、中古、近古以及其他身处的当世，社会历史情景和政治统治方式，在基本结构面上、在时代基本特征上，都有重大差异。

韩非对这几个历史阶段，区分得很明晰。他说，在上古的时候，人类的基本处境是：第一，人民少；第二，禽兽众。因而就有圣人出来带领人民用木头搭成鸟巢一般的居处作为住所，避免各种动物的侵害，于是人民很拥戴他，让他来统治天下，这就是有巢氏。同时，当时人民只是吃一些瓜果、蚌蛤，因此很容易伤胃生病，于是有圣人出来钻木取火，用以烹制食物，因此人民也爱戴他，让他统治天下，这就是燧人氏。这个时代，其实就是文明的草创时代。

到了中古时代，天下发了大洪水，鲧和禹出来治理、疏解江河，所以人民也推他们作为统治者。

到了近古时代，夏、商、周三代，夏桀王、商纣王是有名的暴君，施行暴政，所以分别有商汤王、周武王出来讨伐他们。因此，大家也拥戴商汤、周武为王。

从上古、中古到近古，是一个历史的漫长演进过程。但历史演进到当今这一地步，上古、中古与近古之法，未必适用于当今。这是一个次第演进的、不可逆的过程。如果已经到鲧、禹阶段，我们却要去钻木取火，却要去构筑鸟巢一样的住所，那鲧、禹肯定要笑话他们。同样，如果在汤、武的时代，有人还去期盼鲧和禹来治水，那么大家也会嘲笑他们。身处当世，却去美化尧、舜、禹、汤、文、武之道，那么当世新生的高明统治者、圣人，当然也就会嘲笑他们。

所以韩非得出一个基本的历史哲学结论，圣人是不希望遵循古道的，是不效法陈规陋俗的，他只研究当世的情况来建立相应的统治策略。这就是他所强调的“圣人不期修古，不法常可，论世之事，因为之备”。

韩非举了守株待兔的例子来说明这个道理。如果某家学说“欲以先王之政，治当世之民，皆守株之类也”。理由非常简单，因为古今之别的缘故，仅仅想守住古代规矩就治理当世，那简直就是一个笑话。在古代，人民少而财有余，是故民不争，可以不行厚赏、不用重罚，因为人民能够自治。而当今之世，人民众多，财货相对少了起来，所以圣人必须依据现在的实际情况，来讨论财物多少、利润厚薄以决定治理的办法。因而，必须要明确惩罚轻微不算仁慈，而行诛严厉不算暴力，只要适合社会习俗就应该执行。可见，在韩非眼里，古今之别是非常重要的变局。一旦发生如此重要的变局，就必须以变应变，采取新的治国方略，以避免闹守株待兔的笑话。

韩非的这一主张，倒是与先秦主要的学派，尤其是儒家的主张相仿。尽管儒家主张“法先王”，但也不是泥古不变，像孔子就明确主张因时损益，与时俱进。这是一个处在社会大变局下，一种应有的理智态度。而韩非也是一个具有深厚历史感的思想家，他自然更为强调与时俱迁，因时而变。

二、废仁义而行法治

对韩非来讲，仁义只能用于古，而不能用于今。原因在于，从人类历史的宏观线索来看，上古是竞于道德，中世是逐于智谋，当今是争于气力。从政治风云变化莫测的角度看，文王占据百里地，行仁义即取天下；但徐偃王据有五百里地，行仁义却被人伐灭。历史的变化明白无误地提醒人们，所谓仁义之治，并不是韩非当时的国家治理所能依靠的方式。因此他特别强调，“夫古今异俗，新故异备。如欲以宽缓之政治急世之民，犹无辔策而驭悍马”，没有缰绳却想驾驭悍马，那是多么无知的表现；试图以缓不济急的方式治理国家，那也是多么无知的体现。所以，在他看来，儒、墨两家都俱称先王，都号称爱护天下、视民如父母。但实际上，父母跟子女的关系本应该是严父慈母，因此父母必须严格要求子女。但君臣关系很难仿照父子关系。至于兼爱天下，则是有条件的，在古代，民有先王可依，而今却是不可能依靠的。再者，孔子、墨子能够做到这一点，一般的民众则是做不到的，他们习惯于屈从权势，很少被仁爱打动。就此韩非特别强调，不能够站在孔子、墨子的高度去要求人民，必须具体考虑民情，才能很好地治理国家。那种视君王为孔子，视民众为孔子门徒的想法，是不可能治理好国家的。

韩非认为，英明的君王应当制定严刑峻法，使得民众的行为得到矫正。赏赐、刑罚和法令，必须让民众得以了解。儒、法是不兼容的，故而是势不两立的。我们不能够既期待儒家的所谓宽政——实际上不能够让民众为国效力；又期望有法家的法治——要让人民来为国家卖命。所以，君王要看到自己常常处于所利非所用、所用非所利的悖谬处境——所用的人却没有给国家带来利益，而带来利益的又非所使用的人。所以韩非强调的核心是“故明主之国，无书简之文，以法为教；无先王之语，以吏为师；无私剑之捍，以斩首为勇”。英明的君王统治国家一定是不信赖古典书籍，而用法律来教导人民；不用先王的言论，让官吏来做老师；没有游侠刺客的强悍，只把作战杀敌视作勇敢。只有这样，一个国家才会真正强大，才具有称王称霸的资本。

因此，在韩非眼里，像那些合纵连横之策，可以说都没有抓住内政外交的根本。一个国家真正试图保证它能够存活下来，一定要掌握住不亡之术。那就是“严其境内之治，明其法禁，必其赏罚，尽其地力，以多其积；致其民死以坚其城守，天下得其地则其利少，攻其国则其伤大；万乘之国莫敢自顿于坚城之下，而使强敌裁其弊也”。说到底，使人民为国家拼命卖力，拼死为国家作战，需要以法术之治奠基。所以，韩非特别强调，那些称颂先王之道的学者，那些游说各国的说客、言谈者，那些带剑以表明自己厉害的游侠，那些害怕作战手谕而聚于权贵门下的患御者，以及不从事耕战的商工之人，就是国之“五蠹”。国家必须要祛除这五种蛀虫，才能得到有效治理。

可以说，韩非主要是针对儒、墨、纵横各家，展开其严厉的政治批评。批评的核心所向，自然是儒家。

三、儒、墨的治国方式不得要领

韩非在《显学》篇里，进一步申诉了《五蠹》篇的政治主张。他指出，世之显学，就是儒、墨两家。儒分为八，墨分为三。但实际上，不管是儒家还是墨家，在韩非看来，都是一些没有经过验证就视之必然的愚蠢之说。所以儒、墨两家的学说其实对治国来说，都是不得要领的。韩非分析了儒、墨两家主张之间存在的矛盾。

墨家崇尚俭道，勤俭节约；儒家崇尚孝道，主张厚葬。但这两者是不能兼容的，是孔子一定非墨子，是墨子一定非孔子。将它们放在一起，就像冰与炭，不能在同一个容器之中共存太久。所以崇尚儒、墨一类显学，必然导致国家陷入混乱。

韩非特别强调，儒家之说是一种夸夸其谈，英明的君王绝对不能听其说，必须要兴办切实的事情，去除无用之物；不讲仁义者，故不听学者之言。一般人们期望的民智，在韩非看来是不可用的。原因很简单，因为民有私利，而国家却要考虑公利。

人民与君主的认知是错位的：君王如果要人民开荒

垦田，民众会认为君主很残暴；如果以加重处罚的方式来要求政治坚守，则民众认为君主太过严厉；如果要求缴纳赋税、充实府库、救济灾荒、供给军队，民众认为君主太贪婪；如果要求披甲入伍，不依附私门，齐心协力作战来擒获敌人，民众又会认为君主非常凶暴。而这四项，恰恰是君王治国安民所必需的。因此，在韩非看来，治国之道和悦民之法是悖反的。所以他才特别强调，对国家的五种“蛀虫”，对儒、墨这样的显学，必须加以禁绝，治国方才可期。

第三十五讲

拒斥儒家的“圣人之治”

天下皆以孝悌忠顺之道为是也，而莫知察孝悌忠顺之道而审行之，是以天下乱。皆以尧、舜之道为是而法之，是以有弑君，有曲父。尧、舜、汤、武，或反君臣之义、乱后世之教者也。尧为人君而君其臣，舜为人臣而臣其君，汤、武为人臣而弑其主、刑其尸，而天下誉之，此天下所以至今不治者也。

“臣事君，子事父，妻事夫，三者顺则天下治，三者逆则天下乱。此天下之常道也，明王贤臣而弗易也。”则人主虽不肖，臣不敢侵也。今夫上贤任智无常，逆道也；而天下常以为治，是故田氏夺吕氏于齐，戴氏夺子氏于宋。此皆贤且智也，岂愚且不肖乎？是废常、上贤则乱，舍法、任智则危。故曰：“上法而不上贤。”

——《忠孝》

《韩非子》第五十一篇为《忠孝》。这一篇的核心思想，当然是直接批评儒家所主张的忠孝学说。但更为重要的是其具体论述进路，韩非把儒家最推崇的尧、舜、汤、武等人，视为弑君之人、曲父之人。在这个基础上，韩非进而强调，“臣事君，子事父，妻事夫”才是天下之常道。除了“上法”，别无其他治理国家的途径可走。儒家寄予厚望的“上贤”，根本就是一件不可期待之事。

一、儒家“上贤”的矛盾

韩非在分析当中着力指出，由于受儒家的影响，天下人都认为孝悌忠顺的主张是正确无疑的，没有人去真正考察这种主张并审慎地实施，因此造成天下混乱。这话提示人们，主张孝悌忠顺的人，实际上没有懂得孝悌忠顺是相互矛盾的事情。一般认为，尧、舜的治国之道是正确的，因而效法他们。但殊不知，尧、舜本身却是不孝之子。正是因为人们的推崇，所以才出现了谋杀君王和对不起父亲之事。

而尧、舜、汤、武，实际上是违背了君臣之义的人。韩非说，尧是做君主的，但却让他的大臣舜做了自己的君主；而舜本来是尧的大臣，却让君主尧做了自己的大臣。这是多么悖反的事情，君臣易位，秩序何在？商汤王、周武王作为臣子，竟然杀掉了自己的君主，刑辱其尸身，天下的人却称赞他们。臣下弑君，何理之有？在韩非眼里，这就是天下至今不能平治的最重要且直接的原因。

韩非指出，所谓英明的君主，就是指能够治理臣下的人。连臣下都治理不了，何处体现英明呢？所谓的贤臣，则是指能够修明法度、处理好官府诸事而遵奉君主的人。否则，他就直接是君主了。君臣不分，怎么可能确定名位而统一政教呢？国家怎么可能得到治理呢？所以，韩非特别强调，“臣事君，子事父，妻事夫，三者顺则天下治；三者逆则天下乱”。天下之常道，“明王贤臣而弗易也”。虽然韩非是以自己听闻的名义宣示这一道理的，但是很显然，韩非是非常赞赏这样一种说法的。

二、上法而不上贤

韩非认为，经过儒家的种种倡导，社会秩序变得很乱，崇尚贤能、任用智计、没有常道，这是违背事理的。所以大臣夺取君位，这成为天下混乱最重要的原因。而夺取君位的人居然被视为是贤能之臣，具有智计的人，这就必然导致常道——国家最稳定的治理之道，被废除了。

因此，韩非断然指出，任用智谋，国家一定会危亡。

对国家治理来讲，核心的命题非常明晰，就是“上法而不上贤”。崇尚法律，而不崇尚贤能。

韩非继续分析尧、舜和商汤王、周武王的故事。舜见到他的父亲瞽瞍，他父亲的表情比较忧愁，孔子就对瞽瞍解释说，因为那个时候天下动荡，很危险，你不能这样来看自己的儿子。对有道德的人来讲，父亲不能把他当儿子对待，君主也不能把他当大臣来对待。韩非说，孔子这样说话，可见他是一个不懂得孝悌忠顺道理的人。难道有道德的人在朝廷上就不做君主的臣下，在家中就不做父亲的儿子？如此这样，天下秩序岂不是大乱吗？不仅是统治秩序乱了，社会秩序也乱了。其实父亲希望有一个贤能的儿子，理由就在于他能使贫穷的家庭变得富有，使自己的辛劳能够收获安乐。而君王希望有一个贤能大臣，是因为他能够平治国家的混乱，使自己尊荣。如果贤能的儿子不替父亲打算，那么父亲岂不是更加辛苦？如果贤能的大臣不为君主效力，君主岂不是处于十分危险的状态吗？如此看来，所谓贤能的儿子与贤能的大臣，对于父亲和君主来说，都是非常有害的，有何利可言呢？

按常理来讲，忠臣不应该危害君主，孝子不应该非议父亲。但是现在，舜却借助贤德之名，夺取了尧的国家；商汤王、周武王居然凭借道义理由，不仅放逐，而且杀掉了他们的君王。天下人认为他们贤良，简直是天大的误会。在这种特定意义上讲，人们一般认为的那些壮烈之士，也并不拥有受人称赞的理由。所谓烈士，在朝廷不侍奉君主，在家里不为全家打算，这些人就会非议君主和父母。这样整个国家岂不是就乱套了吗？因此，韩非特别强调，这些是天下之乱术，是乱世绝世之道。瞽瞍是舜的父亲，而舜却把他流放了。象是舜的弟弟，而舜却把他杀掉了。你想，一个放逐父亲、杀害弟弟的人，还能说他是仁义之人吗？而且，舜娶了尧的两个女儿，却夺取了他的天下，他简直是不仁又不义，当然不能算是圣明之君。可见，儒家所崇尚的尧、舜、禹、汤、文、武之道，是存在极大悖谬的。对之，韩非断然指出，人活着，做臣下就一定要侍奉君主，做子女就必须供养父母，为人妻就肯定要侍奉丈夫，这是不能颠倒的三种关系。倘若颠倒这三种关系，天下一定会大乱。

韩非认为，试图治理人民，一定要依靠言论、忠信和法度，如果言论、忠信和法度不够明确，难以捉摸，那么大卜人就会非常迷惑，天下也就得不到很好的治理。从这一点上讲，言论忠信与妖言惑人，必须要划分出一个基本的界限。对一个孝子来讲，应该侍奉父亲，而不是去占有父亲的家产；忠臣应该侍奉君王，而不能去篡夺君王的国家。这才足以使得社会秩序和国家秩序得到根本保证。韩非强调，作为大臣，不要去称颂尧、舜的贤明，不要去赞美汤、武的征伐，也不要去谈论烈士们的高洁，而是去努力做事，奉公守法，一心助君，这才可以被称为忠臣。这就把儒家忠臣的判断标准给彻底否定了。其间的是非曲直，另当别论。但是韩非抓住儒家崇奉先王之道、好发忠孝之论的一些内在矛盾，确实有启发人的一面，显示了某种逻辑分析的力量。

三、治国根本在于"治常"

韩非认为，从古今之别来讲，古时候的百姓勤劳而愚笨，所以用虚名可以笼络他们；而现在的民众，聪明伶俐，多才多能，又各行其是，拒绝服从君主的命令，所以君王们必须要用赏赐来劝勉他们，用刑罚来威慑他们，否则国家是很难得到治理的。

如果想治理天下，那么一定要拥有天下。有的人，既没拥有天下，也不曾想治理天下，韩非说许由就是这样的人。而有的人，拥有天下却不想治理天下，韩非认为尧和舜就是这样的人。还有一种人，就是毁其廉耻、求取财物，触犯刑罚、谋求利益，并且不顾自己的生命，这是谁呢？盗跖。在韩非看来，这些人都是危害天下的人，君王绝对不能拿这几种人来作为标准。

就此，韩非再一次明确强调，治理国家，重在庸常。“治也者，治常者也；道也者，道常者也。”也就是说，治理国家，其实治理的就是平常的民众；引导人民，引导的也是平常的民众。驭国治民，并不是针对盗跖那样的铤而走险之辈，或者是许由那样完全做逍遥游、不食人间烟火的人。从这样一种常道之治来讲，那些危害天下的事物和无比精妙的言论，就是非常有害的。因为对那些完全不食人间烟火、看不起世间一切物质的高洁之士，用赏赐是劝勉不了的；而对那些贪图享受又不愿意付出的卑贱之人，用刑罚是禁止不了的。因而，治理国家不能够着眼于道德上极其高尚的人；也不能着眼于道德上极其卑下，甚至是铤而走险的人，这些人都是大众之中的极端类型。治国，不能以极端的方法来治极端的人。

治理民众，可以说大多数都是常理、常道、常民、常事。韩非的这一主张，是非常重要的，极具跨时代意义。在韩非眼里，儒家治术无益于治国，而纵横家的说法，也实在是没有抓住治国之根本。纵横家根本不知道，以众弱攻一强或依附一强攻众弱，都没有抓住建功立业的根本。它其实是虚言、空话，根本就不能处理好国政。所以韩非特别强调，“王者独行谓之王”，就是王一定要独断专行，乾纲独断，所以尧、舜、禹三王和春秋五霸绝对不讲纵横之术。但正因为他们不讲纵横之术，而又抓住了治国的要领，所以可以得出一个结论，整饬内政可以有助于抵御外敌，国家当然就可以得到很好的治理了。

第三十六讲
治国中的赏罚与号令

饬令则法不迁，法平则吏无奸。法已定矣，不以善言售法。任功则民少言，任善则民多言。行法曲断，以五里断者王，以九里断者强，宿治者削。

重刑少赏，上爱民，民死赏；多赏轻刑，上不爱民，民不死赏。利出一空者，其国无敌；利出二空者，其兵半用；利出十空者，民不守。

——《饬令》

阅读《韩非子》的《饬令》篇，可知治国的一些枢机、要领。对国家治理来讲，如果命令不严格，治理便无权威性可言。因此，他主张“以刑去刑”的严刑峻法，将商鞅的一些治国理念，直接借取过来，作为自己申述法术之治理念的思想资源。

一、治国要当机立断

饬令，就是要严格命令。所谓严格命令，就是制定了法律必须严格执行，不受其他非法律的治理而蛊惑。围绕这样一个核心思想，韩非特别强调，法术之治与儒家主张的德治一个最大的不同，就是严格执行命令、不随意改变，而不是以道德怀柔去破坏法律规则。只有如此严格的法治，才能使得官吏没有奸邪。如果这样的法治原则确立了，却又听儒家仁义之言，那就一定会妨碍法治。因为，从一般角度讲，如果根据功绩治国，民众的意见就会很少；而根据仁义治国，民众的意见就会很多。所以实施法律，做出决断，必须有决心、能力和气魄。

在韩非看来，实施法律，做出决断，在五里的范围内做出决断的国家，是可以统治天下的。“五里”，指走到五里的范围，应该说这是以空间来表示时间的概念。如果在走到九里范围内，能够做出决断的国家，就一定能够强大。本来应该当机立断依照法律做出决断的，结果优柔寡断，需要耗掉一夜来权衡考虑，那么就会贻误时机，这样做出的决断必定对国家发展不利，必定会削弱国家。从这一比较结果上来说，韩非特别强调，以法术治国，不仅在于制定法条、颁布法规，而且必须要以坚忍的意志迅速推广，马上实施，以保证在国家发展中法治的效用。

二、治国要赏罚得当

韩非强调，在国家一般治理过程当中，用刑罚来治理国家，用赏赐来鼓励人们作战，用丰厚的爵禄让人们努力来建功立业，用参验比较的方法来使用法术，那么国家就能得到很好的治理。

法治的关键，在于落实。否则，玩物渐多，工人很多，农业弛废，商贾兴盛，这样的国家怎么可能强大？倒是正好相反，国家必然削弱。在韩非看来，农民有多余的粮食，就让他们献出来换取爵位，那么他们也就不会懈怠。授予官爵，赏赐利禄，必须依凭功劳。假如不依凭功劳，就像要装满一个没有底子的三寸竹管一样，那就变得非常荒唐了。所以，韩非强调，国家根据功劳来授予官职、爵禄，可以说是治国当中的最高智慧、最有益的谋划。因为这就像用最大勇气去作战，那就肯定无人能够对抗，所向披靡。治国，需要倡导力攻，而不是言攻。

对于一个依靠法术治国的君王来讲，朝廷上为己所用的那些众多官吏，遭受诽谤的，不要随便放弃；受到称誉的，也不要马上加官晋爵。一个君王，需要把握住一个治国核心，那就是建功立业才能换取官爵。即使是合乎法度的言论，也不能轻易给予赏赐。否则，人们就会推崇虚言，而不追求耕战实功。

为此，韩非分辩道，“国好力，此谓以难攻；国好言，此谓以易攻”。一种比较结果，就此呈现在人们面前：国家崇尚力量，就让人难以进攻；而国家崇尚空谈，就很容易被人攻取。因此，不尚空谈而崇尚务实，是国家得以存在、发展，得以富强、赢取天下的一个基本原则。今日人们仍然朗朗上口的说法“实干兴邦、空谈误国”，说的便是这一道理。

对于广大民众，对于大臣，君王一定要善于发挥他们的才能，一定要让他们善于胜任自己的官职，一定要促使他们轻松完成自己的任务。一定要造成一种局面，就是没有人私下保留余力，也没有人在为君主承担官职责任的时候内心有怨恨，这样就能让其各自的事情落实下去，那彼此就不会发生纷争和诉讼。官吏不兼任官职，一官一事，那么官吏的才能一定会跟着长进；人民既然有不同的功业，就不会万马争过独木桥，争夺某一个具体的蝇头小利。这样治理国家，结果当然是非常令人满意的。这是韩非为激发举国臣民之力所做出的设想，颇有人人为国分忧、为国尽力的大气势。但是否借助君主权谋，就能成功做到这一点，显然韩非所论不详。在君主制下，似乎很难激发每一个人的劳作积极性。在人类历史上，似无这样的记载。因此，韩非想得挺好，落实很难。

三、治国要“利出一空”

韩非认为，对一个国家的治理来讲，加重刑罚而不随便赏赐，这不是君主苛待民众，相反，是君主爱护自己民众的表现。因为加重刑罚，是要用这种方法让人民敬畏法律、尊重法律。相对地，民众也会愿意为了赏赐而出力。如果随便赏赐，而又减轻刑罚，那反而是君主不爱护民众的表现。原因很简单，人们觉得不做出努力，也可以得到君主的恩惠，那要做出努力干吗呢？减轻刑罚，表面上是宽政，但重罪轻惩，等于鼓励民众铤而走险，作奸犯科，这哪是君主爱护民众呢？这样民众就既不会为了赏赐而为君主出力拼命，也不会为了避免惩罚而不去违法犯罪。

韩非特别强调，庆赏课罚的权柄，一定不能落于旁人。他为之区分了三种情况。第一种情况，“利出一空”。

所谓“利出一空”，就是庆赏课罚这类权力出自君主一人之手。也就是君主把握住了国家大政，国家怎么可能还有对手呢？不可能有对手，施政就会有效果，民众便愿意为国家效力了。第二种情况，除君主之外，另一个人也可以实行庆赏课罚。这样造成的结果是，打仗拼命的那些士兵可能只有一半为君主所用，另一半当然服务于“利出二空”的另一人。这时可以说举国之民，能用者仅其半。换言之，这个国家可动用的人力资源非常有限。更关键的是，另一半也会因之受到影响。因此“利出二空”，必然使民心涣散。

那么更大的麻烦是什么呢？就是第三种情况，也即是“利出十空”这样的状况。在春秋战国阶段，尤其是战国后期，这种现象是非常普遍的。原因很简单，由于君王不能很好地控制大臣，大臣们结党营私，结果人人都能行庆赏课罚之权。如此这般，国家就守持不住了。因为大臣为了投合民心，奖赏可能还超过君王，那人们就会疏离君王，而去攀附那个大臣。这样国家怎么可能守得住呢？所以，在韩非看来，一个人行刑赏之权与两个人或多个人行刑赏大权，一定会有重大差异。他为此强调，使用重刑让民众知晓事理，再用严厉的命令去驱使民众，这样的做派对君主是非常有利的。当然，君民如此对立，是否就能实现治国目标，还真是一个疑问。不过，这确实反映了韩非那种尖锐的政治思维，这样确实能把事情说得像“葱花拌豆腐”一样清楚明白。

四、“以刑去刑”

行使刑罚时，君主一定要明白，重罚，也就阻止了重罪的发生。以德去刑，是不可能阻止违法犯罪的。在韩非看来，以刑去刑，以重罚惩治轻罪，轻罪就不会出现；相应地，重罪也就不会发生。这就是用刑罚来祛除刑罚。如果对重罪施加轻的刑罚，那么一定会导致更多的事端，这即是用刑罚招致刑罚，国家岂能不被削弱？一般人听起来，这样的说法与做法，过于苛刻，过于严厉，因而十分难以接受。儒家主张德九刑一，杀一儆百，而且轻徭薄赋，减轻处罚，表面上当然能够赢得民心，但也会使得轻罪没有受到惩罚，重罪事实上得到鼓舞，国家治理效果肯定不佳。因而，在韩非看来，以德去刑是无效的，一定会导致“以刑致刑”。“以刑致刑”，就是处罚重罪时用刑过轻，犯罪者就以为每每犯罪都可以减轻处罚，那么他以后肯定还会遭到更重的刑事处罚。这就成为一种恶性循环。

“以刑去刑”，可以说是商鞅的思路，经韩非改造，被确认为一种最值得提倡的强国之策。而“以刑致刑”，是一种使国家必然削弱的治理办法，这似乎是儒家的办法。对此，韩非似乎在提醒君主，在两者之间，君王们不得不慎重选择。

第三十七讲
治国中的民心与法度

圣人之治民，度于本，不从其欲，期于利民而已。故其与之刑，非所以恶民，爱之本也。刑胜而民静，赏繁而奸生。故治民者，刑胜治之首也，赏繁乱之本也。

立国用民之道也，能闭外塞私而上自恃者，王可致也。

——《心度》

读《韩非子》第五十四篇《心度》，可以知晓，他所谓“心”就是民心，所谓“度”就是法度。这两者可以说区分出了法家治国理念的基本界限。他所强调的基本立场是，法术之治才是治国依托，刑赏之策才是秩序保证，正在登上政治舞台的帝王们，一定要明白，只有依靠自己的强力，才能治理好国家。这是对取代君王而起的帝王直接的开示。

一、严刑峻法的必要性

韩非强调，“圣人之治民，度于本，不从其欲，期于利民而已”。意思是圣人治理民众，可以说着重在规定根本原则，而不会顺从民众的欲望，这样做就是希望对民众有利。在确立了这样的治理的基本前提条件后，韩非指出，所以圣人治国，并不像一般人那样，认为严刑峻法就是残害民众。其实恰恰相反，爱民的根本，就是采取严刑峻法，而非怀柔政策。这可以说是对儒、法两种治理模式，在爱民方式上的一个决然划分。

因为有严刑峻法，民众就不会躁动，自然奉公守法，安静从事自己的职分。如果民众没有功劳就得到赏赐，那么奸邪之徒就会心生诡计，去博取赏赐。正是因为有这种结果上的悖反状态，韩非认为，治理民众，严刑峻法是平治的开始，即所谓“刑胜治之首”。赏赐过于频繁，那是动乱的本源，是所谓“乱之本”。

那么韩非为什么会有这样的想法呢？为什么如此重视刑罚，而如此看低赏赐呢？原因在于韩非对民众天性所做的判断。民众的天性，就是喜欢纷乱，而不遵循国法。所谓喜欢纷乱，并不是捣乱，不是暴动，就是日常生活的纷纷扰扰，并不喜欢有严格的法律来规定可以做什么，不可以做什么。其实在今天，我们也能体会到这一点，这确实是民众的天性，约束过多，人们就不太耐烦。

因此，治理民众，必须在奸邪还没有发生时，就学会禁止它。所以，圣人治理民众，“先治者强，先战者胜”。事先防止奸邪，才能够使国家强大，就像预先让军队有作战之心，才能够取胜。正因为如此，韩非子指出，“夫国事务先而一民心，专举公而私不从，赏告而奸不生，明法而治不烦。能用四者强，不能用四者弱”。

那“四者”具体是指什么呢？一是治理国家事务，一定要预先统一民心；二是要靠完全公正的选拔，而不徇私情；三是赏赐告奸的人，奸邪就不会蔓延；四是严明法度，政治就不会出现纷乱。做到这四个方面，国家就能强盛，否则，国家就会衰弱。

韩非也特别指出，“夫国之所以强者，政也；主之所以尊者，权也”。简单地讲，就是一个国家之所以强大，主要在于政治，在于君主受到尊崇，君主受到尊崇也在于他有权势。但是，英明的君主有权势、懂政治，昏庸的君主同样有权势和懂政治，他们是否有区别？如有区别，他们的区别在哪里呢？韩非说，区别就在于权势的聚集和分散不同，立政的基础也有根本的差异。英明的君王掌握着政权，因而他受到尊崇；统一政令，所以国家得到平治。

在把握住这一点的基础上，韩非果断指出："故法者，王之者也；刑者，爱之自也。"即法律是统治的根本，刑罚是爱民的源泉。按照韩非这样的说法，制定好法律是不是就一劳永逸了呢？肯定不是如此。

二、治理方式因时而变

韩非同时指出，想建立伟大功业，却又害怕付出力气的人，是没有希望实现其目标的；想整顿法治，却又害怕改变旧俗的人，是不可能治理民众的混乱的。所以，治理民众并没有固定的办法，即使是凭借法治，也不是一蹴而就、一劳永逸的。

原因在于，法治尽管是治理国家的最佳办法，但"法与时转则治，法与世宜则有功"，即法治必须随时代改变，才能够作为有效的治理工具；而政治也必须与当时的世道相适宜，才能够产生功效。所以，如果民众朴实的时候，用毁誉之名来管理，确实就能治国；但当今之世，争于气力，世人巧智多变，唯有用刑罚来管制，民众才会服从。

为什么治国之法出现这样的一个巨大转变呢？原因很简单，时代变化了。时代如果变化，而法治不变，那么就会引发混乱。智能之士变多了，而禁令却不加以改变，国家肯定就会受到削弱。所以韩非强调说，“故圣人之治民治，法与时移而禁与能变”，要注意与时俱迁，世变事异；注意以变应变，因势而起。与时俱迁，是韩非所特别重视的观点。而改变的前提是，对变化了的时代状况加以准确把握。

韩非分析说，从战国晚期的处境来讲，能努力耕种田地的人是富有的，能努力对抗敌人的人是强大的，而只有那些强大而又不受蒙蔽的人，才能统治天下。但是，一个君王要不受蒙蔽，其实还是非常困难的。与求富、做强不同的是，“王道在所闻，在所塞”。也就是统治天下的办法取决于君王听取什么，在“所闻”；也取决于不听取什么，在“所塞”。而“塞其奸者必王”，就是堵塞奸邪的君王，他才能够建立帝王的功业。

王道之术、统治之术、法术之治，不能倚仗敌国势力不来祸害，不来捣乱，所以御敌重在内政。内政的状况决定外交的状况。决定一个国家与其他国家打交道的情形，依自不依他，才是国家得到治理的最重要保证。外部没有侵略是幸运之事，但是国内政治秩序、法制秩序的建立，却不作为重要事务来处理，那肯定是不对的。国家所能倚仗的唯有法治，与时俱变的法治。

三、禁止私学的传播

当然，韩非所说的是非常之时的非常之法。在一般意义上来讲，春秋战国时期私学的兴盛，带来了百家争鸣的思想繁荣。从学术思想的繁荣上来看，值得推崇。但如果从政治秩序的重建上来讲，私学泛滥，各种学说相互攻击，造成的可能就是整个国家民心纷乱，无法统一，施政也就可能变得非常困难。因此，在一个天下混乱已久、重归秩序的非常时刻，韩非禁绝私学，倡导君主乾纲独断的主张，也不失为解决问题的一种方法。因为在一种倡导私学的氛围中，国家不去重视努力耕战之人，却重视信奉私学的游谈之士，君主的位置便会降低，国家的实力便会受到削弱。一个君王，真正让国家挺立，让民众欣然受用，确实不能依靠外国力量，确实需要禁止私家学说，倚重自己的力量，才能建立帝王之业。

韩非此论，有一种倡导君主专制的嫌疑。当然我们没有理由要求韩非在那个特殊转变的时刻，阐发一套类似于现代民主的理论，并因此设计出一个既保留私家学说的繁盛，又促进政治秩序建构的体制。这个要求过于苛刻。这不是评价一个思想性的历史人物的理性方式。对韩非这样的人物及其实现，理解比苛责更有意义：韩非因时而起，准确把握住了中国从君政向帝制转变的时代契机，开悟帝制，开示帝王，为中国重归统一国家提供了思想武器。

第三十八讲
刑赏分明，霸业可成

夫凡国博君尊者，未尝非法重而可以至乎令行禁止于天下者也。是以君人者分爵制禄，则法必严以重之。夫国治则民安，事乱则邦危。法重者得人情，禁轻者失事实。

是故夫至治之国，善以止奸为务。是何也？其法通乎人情，关乎治理也。然则去微奸之奈何？其务令之相规其情者也。则使相窥奈何？曰："盖里相坐而已。"

——《制分》

《韩非子》的最后一篇是《制分》。可以将该篇理解为韩非所认为的实现大国霸业的关键问题所在。所谓"制分"，就是刑罚赏赐的措施要分明。因为人的本性就表现为好利禄而恶刑罚，因此需要紧紧掌握住法术之治的要领，以合于法度的庆赏课罚，保证国家的繁荣强盛、长治久安。

一、赏罚分明

在韩非看来，战国末期那些疆域非常广阔、君主受到尊崇的国家，没有刑罚不严厉而能够做到令行禁止、国家强盛的。君主分封爵位，制定俸禄，以严厉的法律来保证实施，民众就会重视这样的法律。国家因之得到治理，民众就会安宁。说到底，严刑峻法是用来查探隐情的。如果禁令松弛，君王就不会了解到事实的真相。所谓“法重则得人情，禁轻者失事实”。民众为君主、为国家卖命出力，从人的本性来说，只不过是为了实现自己的欲望而已。

既然民众喜欢利禄而憎恶刑罚，如果禁令松弛，就搞不清事情的真相了。如果民众不依据法律，而又靠君王施行善行，法度就丧失掉了，“其治民不秉法为善也，如是，则是无法也”。所以韩非特别强调，“故治乱之理，宜务分刑赏为急”。治国理政，居于首位的事务，就是让刑罚和奖赏得到有效区分。

韩非也承认，所有治理者，其实都有自己的法律。但是实际情况是，有的法律实施了，有的法律废止了。

那么为什么有的法律被废止呢？这里的废止，不是说把法律条文终结掉，或者废止掉旧法而颁布新的法律条文，而是整个法律废弛了，完全不管用。为什么有的法律不管用呢？说到底就是因为刑赏不分明。所以，尽管“治国者莫不有法，然而有存有亡”。刑赏不分明，法律就变成可有可无。对于刑赏，人们往往有一种不太得当或者庸俗的理解，就是以为刑赏有差异，就是刑赏分明。韩非否定了这样的看法。他说，所谓刑赏分明，一定是指明察的君主以独一无二的标准施行赏罚，该罚则罚，该赏则赏。如此，人民就会畏惧禁令，希望不要受刑，甚至不敢期待君王对他有所赏赐，“不待刑赏而民从事矣”。治国，就一定要达到这个地步，君王刑赏分明，有独一无二的标准，并且持之以恒地落实下去，久而久之，就不再需要使用刑罚或名誉、恩赏，民众就会努力为他做事了。

二、连坐与告密

在韩非那里，一个治理得很好的国家，善于把制止奸邪作为当务之急。何以如此呢？原因很简单，制止奸邪和人们的常情是相通的，它也关涉治国的基本原则。要把这个当务之急处理好，那就一定得找到去除隐蔽微小的奸邪的办法。韩非认为最可靠的办法，就是让民众相互监视，所谓“相规其情”。如何能做到这一点呢？韩非提出，只要让同一个里巷的人连坐就行了。这个办法实在让人很难赞赏。但是韩非也有自己的分辩。他说，禁令假如和自己有所牵连，那么同一个里巷的人就不得不相互监视。因为监视者怕自己连坐，那就一定会告知隐情。有奸邪之心的人，其计谋难以得逞，因为监视他的人多了。只要做到这两点，民众就会在自己小心翼翼守法的同时，去监视别人。

此外，如果奸人的隐情受到揭发，告发的人不仅应该免受刑罚，还要给予赏赐，失察的人一定要连坐。这是相辅相成的两种办法。一个连细小的奸邪都不能容留的社会，正是告密和连坐塑造的结果。这对君主或国家的统治，自然是非常有利的。

告密、连坐，对中国政治来说真是贻害无穷。尽管韩非做了一个边界性的限定，但这个限定不一定能发挥预期的作用。以告密和连坐收拾民众，确实不是治理国家的好办法。但是我们如果对之加以同情的理解，考虑到在战国末期政治规模急剧扩展、政治制度极度短缺的情况下，以及当时古今变局非常剧烈的处境，韩非的这样一个建议，似乎也是在人们不知道怎么应对变局之际，为了恢复秩序，不得不采取的一种下策。这个下策，会收一时之效，但是它对整个政治空气的毒化，确实不容小觑。

三、任术不任人

在进一步的论证中，韩非特别强调，尽管有告密和连坐这样的办法，但是最好还是依靠法治，而不是个人智慧，即“夫治法之至明者，任数不任人”。有法度的国家，不任用受到称誉而不知是否确有能力的人。相反，混乱以至于亡国的国家——让敌国的军队在自己的土地上公然横行居然不能禁止，就是君王仅仅依靠个人的智慧，而不依靠法治的结果。那些自相残杀的国家，总是依靠个人智慧来治国；而攻伐别人的国家，则是依靠法度来治国。所以韩非认为，一个真正有道术的国家，对那些称誉之言一定是不在乎的，它重视的是法度，依靠的是法度。

而在这样一个依靠法度的国家中，用不正当的手段取得功绩是不可能的。如果说用不正当的手段取得功绩，又符合论功行赏的规定，确实很难被觉察到。韩非认为，这是虚假的功绩。而臣民中的言论过失，难以被发现，就是奸邪的根源。所以，依循常理不能发现虚假的功绩，根据常情而不能根治奸邪的根源，刑赏两个方面就会同时失误。

有虚功的人能在国内树立好名声，游说之士能够在国外进行谋划，导致愚蠢、怯懦、勇敢、智慧的各色人等接踵而至。结果，虚伪无用的道理就能迎合世俗之需，获得社会承认。这样，法令当然就得不到切实执行，而刑罚也就不能制约那些有罪的人。这是刑赏不一致导致的。怎么避免这种不一致，就成了一件重要事务。在韩非看来，事实明明白白地摆在那里，但法度却丧失了衡量的标准。韩非对之特别强调，这种丧失，并不是法度、法律、法规本身造成的。

那是什么原因造成有法不依的呢？在韩非看来，就是制定了法律，但又依靠个人的智慧去实施造成的。这让奉命办事的人掌握不了要领，他的判断与事情的实际情况就很难符合。那么法规在实施中怎么可能不出差错呢？刑罚怎么可能不混乱呢？在这个意义上，韩非指出，出差错、生混乱，原因还是刑罚和奖赏不分明。因为不分明，所以人们把握不准，实际处理事情的时候就很难找准尺度。因为很难找准尺度，所以反过来人们指责法律不行，因此，对法度本身也就产生了怀疑。

因此，在韩非看来，一个国家要得到很好的治理，刑赏分明是绝顶重要的。因为它不仅能够止奸，更关键的是能够使人们明确哪些是君王在治国中倡导的、激励的，哪些是君王在治国中要规避的、惩罚的。说到底，所谓“制分”，所谓刑赏分明，就是要让臣民们明确令行禁止的边界究竟在哪儿，什么令必须行，什么禁必须止。从底线上来说，治理国家，以止奸为急务，要真正治理好国家，那一定要刑赏分明。

第三十九讲

中西碰撞：韩非与马基雅维利

马基雅维利和韩非的“惨礉少恩”、蔑视道德仁义的价值，主要由于他们的有意还政治以其本来的目的，为政治作独立的思考使然，但同时也是他们极度表彰君权的结果。

——王德昭

严刑峻法、权术运用，固然避免了君主事必躬亲、积极为恶的流弊，却巩固了绝对王权。韩非的学说在这方面远远超越了马基雅维利。

——波考克（J. G. A. Pocock）

通过解读《韩非子》的文本，我们对韩非的基本思想有了一些了解。比如，韩非认为人性是恶的，历史是退化的，中国要从君政走向帝制，要从拒斥儒、墨之说而进入法术之治；治国强调的是君王操持权力，防止大臣篡位，分权谋利。因此，君王治国之术可以说是韩非思考的中心，其核心又是对法治的推崇。

从思想史的角度来看，韩非子可以说自觉地继承了老子的哲学思维、商鞅“法”的思想、申不害“术”的主张和慎到重“势”的观念。他把道家的政治形而上学之思与法家的法术之治巧妙结合起来了，同时把“法”、“术”和“势”兼糅起来，而成就了一个完整的法家思想体系。虽然研究者们都认为，韩非能不能被命名为法家，还是一个值得商榷的问题。因为在先秦，真正名“家”的就是儒、墨。其他各家或者尚在萌动之中，或者有了思想系统，但并没有被自觉命名。

在此，我并不想拘执于用“法家”来命名韩非是否妥当这一点。因为这样的拘执没有太大的意义。从政治史的角度上来讲，韩非确实是一个重要人物，可以说他积极适应了战国后期中国政局的变化，也就是今天被我们一般称为“周秦之变”的大局需要，而创造了与之相适应的政治理论。

因此，在那样的历史时刻，韩非一定会受到有雄才大略的帝王如秦始皇的喜欢，他真正触碰到了帝王们内心深处最敏感的地方。

韩非著作五十五篇，涉及的问题非常之多，论述非常之繁复。但是在繁复中，韩非也强调了治国之要在于确立法度。韩非子确实自觉地在建构由君政到帝制转变之际的帝王之术。一方面他深知适应这个历史的变化来建构相应的帝王术的困难，尤其是自觉意识到要把自己的这些想法敬献于君王而得到使用，就更为困难。《初见秦》《存韩》《难言》《说难》《孤愤》等篇，都表明了这点。

但韩非并没有为自己的处境而束缚，而陷入一个桎困之局。相反，韩非确实自觉地在论述为君之道、为臣之道、治国之道。因此他特别强调——比如，在《主道》《人主》之中——在动静之间、赏罚之举当中，怎样稳定地控制权力。而高明地驾驭群臣，需用刑杀庆赏的两手，并以此来巩固君权。但同时，韩非也明白，大臣篡权有各种各样的手段。因此，君王制约大臣也得要有讲究，否则有亡国杀身之祸。

韩非在具体论述当中，比如，在《奸劫弑臣》《备内》等篇，对于宫廷政治、君臣大防，多有论述。尤其是在已经欲存之法上，《定法》《诡使》《六反》《八说》《八经》都有很精到的论述。

韩非对整个政治史的了解、对政治本身的洞察力，使他能够如此谈论为君之道、为臣之道，以及国家得以称雄的基本依托。可以说，韩非的论述，跟儒、墨两家在时潮之中蔚为主流的论述，差异非常巨大。

人们接受了儒、墨尊崇贤能的论述，在此基础上再要接受韩非的法术之治，确实有相当的困难。这不仅有思想上的挑战，更有政治实践上的难题。如果说实践上的难题还并不在于君王采不采用，而在于适不适应时世，因此韩非深深扎根于时世之中，而有了备用的强大的现实依托的话，那么在思想市场上，韩非并没有同样赢得掌权者和广大民众的喝彩。

因为他对权力本身的洞察、对权力面前人性阴暗的揭示、对弄权技巧本身的把握，超乎人们的接受度。“倒言反事”“用人也鬼”，这类阴森森的说法让人有不寒而栗之感。政治生活虽然是人类的本质生活，但是人们常常用政治来遮蔽政治，用道德来修饰政治，而拒绝以政治的眼光看待政治。

换言之，拒绝用权力的眼光直接打量政治，而总想以道德的眼光来修饰政治，让政治似乎变得可亲可敬。这一思维偏好，古今中外，可以说概不例外。因此韩非在整个人类的政治思想史上，可以说很难有同样的研究成果与其媲美。放宽我们的视野，在世界范围内来看，与韩非相类的政治思想家实在是凤毛麟角。人们一般会将韩非和马基雅维利来做相应的比较，认为马基雅维利和韩非在时事政治的处境上、在个人的遭际上、在为学的目的上、在思想的方法上、在论述的主题上，都有非常相近之处。

因此，韩非作为古代的政治思想家的代表，马基雅维利作为开近代之先声的政治思想家的代表，常常为人们所并立，以为其思想特征庶几可近，换言之，就是思想宗旨比较相仿。

为了认识清楚对韩非和马基雅维利是不是能够做这样的比较，我们先把比较的欲望压制一下，来看看马基雅维利是一个怎样的思想人物，有什么样的思想主张。

确实，马基雅维利和韩非都处在一个国家分裂的情景中，两人都同样地渴望国家走向统一。而同时，两人也都把国家的统一或建立强大国家的希望，寄托在一个特别有作为的君王身上。

因此，二人都对君王如何具有作为进行了充分论述。马基雅维利的政治著作主要有两部，一部是《君主论》，致力于切割道德和政治，张扬君王的残暴和权术。因此在西方政治思想史上，马基雅维利是“邪恶导师”，《君主论》也被称为“邪恶之书”。其实，《君主论》要讨论的问题，并不单纯是君王权术，其核心论题是“君主国”是什么，有什么种类，怎么获得、怎么维持，又为什么丧失。

对这样一个核心问题的讨论，马基雅维利尊崇的是经验主义的进路，基本的预设是人性本恶。所以他并不接受当时流行的、君权神授的基督教会说法。正是因为拒斥了君权神授的进路，所以他大胆地将政治和伦理道德切割开来，认为政治的基础既不是神性，也不是道德，而应该是权力。全书围绕君主国应该怎样统治和维持下去展开，强调一个国家只有有实力，才能够自我维持，否则就陷入危机状态。而国家的维持，在马基雅维利的论述当中，最重要的就是要靠君主的残暴和讹诈这类权术。否则，君主自身危也，国家集体危也。

马基雅维利在理论上对君主国做了一系列区分，如世袭君主国、混合君主国、依靠武力和能力获得的君主国、依靠他人武力和幸运而建立的君主国、市民君主国、宗教君主国，等等。可见他是以君主国为核心来划分不同的政体。君主实施统治，参照各种经验，来因地制宜建立适合的君主政体，是君主国建构首先要遵循的第一原则。

而一个君王靠保持自己的地位、建构自己的力量来建立自己的国家，可以说是君主巩固自己政权需要重视的第二原则。

在马基雅维利看来，一个君王或者政治家，在建国事业上要获得成功，必须学会使用政治统治的方法。当然，他也强调，运用法律和运用武力，是世界上君主们维持自己统治的两种手段。可惜基于理性行为的法律，常常遭遇困难，而且力不从心。而基于兽性行为的武力，常常是现实中君主们维持权力最重要的手段。所以马基雅维利公开倡导，君王必须懂得如何善于以野兽的行为进行斗争。如果君王太过善良，肯定就会灭亡，他必须凶猛如狮子，狡猾如狐狸。

为什么呢？因为狮子不能防御陷阱，而狐狸不能抗拒豺狼，因此君主如狐狸，就能够发现陷阱；如狮子凶猛，就能吓走豺狼。他为此鼓励君王，不要怕留下恶名，完全应该放心大胆，大刀阔斧，使用暴力手段解决那些不用暴力手段就解决不了的事情。至于信义、道德这些东西，完全可以抛弃。因为目的决定手段，目的高于手段。只有在什么情况下可以守信义呢？那就是在守信义对维持君王权力有好处的情况下，否则根本不必守信义。因为守信义常常导致口是心非，让人成为一个伪君子。

马基雅维利还特别强调，在一个国家迅速陷入分裂，而由战争主导，并且难以统一的现实处境中，君王们利用任何政治手段都是合理的；不要去判断手段本身的善和恶，要完全基于巩固君权的目的，去研究巩固权力的方法。他说，假如世界上有一门成功学的话，人们会发现研究恶人的成功学比研究善人的成功学更重要。因为恶人的成功比善人的成功要多得多。因此，君主们怎么把宗教、把建立常备军当作保护自己的工具这类问题，都非常重要。马基雅维利的这些主张，可以说在当时、后世都产生了巨大影响。

从英王到克伦威尔、法王、普鲁士大公，再到近代的俾斯麦、希特勒、墨索里尼等政治人物，都奉马基雅维利的《君主论》如神明。马基雅维利尽管还写有《李维史论》，表达了共和主义的政治理想，但实际上其主导思想肯定还是“君主论”，而使其青史留名的也是《君主论》。

对《君主论》做简单的介绍之后，我们可以发现，表面上他确确实实与韩非有相类似的地方，比如，思想主旨、思想方法、个人追求、政治与道德的切割。但是不得不明确表明的一个基本观点是，两者完全是两种政治处境当中的两类政治学说。

他们的思想，在形式上有如此相似的地方，但并不代表实质结构上的一致。原因在哪儿呢?

第一，从思想针对性上来讲，马基雅维利要解决的是神权与世俗权力的问题，以及世俗权力自身的分割造成政治的分裂、国家的分裂；而韩非要解决的是诸侯王之间，“挟天子以令诸侯”造成的长久的混乱和征战，因而两者的指向是不一样的。

第二，两者所交锋的思想结构也大为不同，韩非针对儒、墨两家，强调君王法术的重要，但要注意他对法律的信任态度，无论这个法律怎样等同于君王的个人意志，但仍坚守“宪令著于官府，刑罚必于民心”“赏存乎慎法，而罚加乎奸令者也”。他与马基雅维利对法的怀疑态度是完全不一样的。

第三，就具体的政治目的来看，马基雅维利切割政治与道德是无可争辩的事实，政治归政治、道德归道德是他思想的主旨。韩非尽管也张扬政治上的法术之治，但基本上他是要循法成德，民心在其中还是起着最重要的作用。他与儒、墨的争论，不是政治和道德是否要切割的问题，而是谁采取的治理国家的方法，更能够赢得民心和实现富强的问题。

第四，两人的政治处境也不一样。马基雅维利作为一个深深介入了佛罗伦萨共和国的高级政务官，他对政治生活中权力作用的经验性把握，与韩非那种基于政治上的现实主义而进行的书斋创作或者说是闭门造车，是大为不同的。如果说韩非也有政治经验品格的面向，那只不过是一种经验的意愿，而马基雅维利则具有一种经验的处境。

第五，进一步来说，两人建构的理论所指向的实践结果也大不一样。韩非思想的现实效用体现在秦始皇身上。而直到19世纪后期意大利重归统一，马基雅维利学说所表现的政治与道德的切割所具有的现代性品质，才充分张扬出来。一个成就了中国古代的秦制，一个成就的是现代统一国家的政制。

而就个人的结局来说，韩非为自己的学说付出了性命代价，遭到了同学的敌视、残害，是个悲剧性人物。马基雅维利是在悲剧性处境当中写作《君主论》的，却因朋友、同学的推荐，得以善终。美第奇家族虽然怨恨马基雅维利，但还是出资让他撰写《佛罗伦萨史》。最后，我们要绝对重视两人分处于古代和现代两个政治世界这个根本的差异点。

第四十讲
韩非思想的现代意义

只有法家的法治主义才能救中国。

——梁启超

中国的起死回生之道就是法家思想的复兴，就是一个新法家思想的出现，对于这个结论，我可以毫不犹疑地向全国民胞保证。

——常燕生

阅读《韩非子》全书后，我们既理解了韩非，又为韩非感到遗憾。理解，是因为看到韩非适应从君政到帝制转换之际中国政治理论的需要，建构了对政治本身来说特别具有洞察力和穿透力的政治理论。遗憾，则是一种评价性的态度，与韩非在当时的处境、遭遇以及他的理论建构，可以说相关联，但并不是最重要的关系。

从评价意义上来讲，我们追问韩非为什么如此凌厉地看待政治生活，如此冷峻地对待政治的技艺，如此强烈地反驳儒、墨两家的政治主张，对贤良文学绝不容情，而认为只有靠法术之治才能够解决国家的出路问题。

韩非的议论，其实严格说来，就像庄子《天下》篇所言，不过是在“道术将为天下裂”“百家往而不反”的思想处境当中立一家之言而已；也如他的老师荀子所说，其实是“蔽于一曲而暗于大理”。

一、《韩非子》的时代意义

正是基于这样一种分辨的态度，我们不得不进一步思考一个问题：既然韩非在历史处境上已经做了了结，打了句号，我们何以今天还要来读《韩非子》呢？

或者把问题做一个调整和转换——今天读《韩非子》还有什么意义呢？

这个问题，不是简单地罗列“一、二、三”就可以解决的。当然，若要为阅读《韩非子》提供最简洁有力的理由，起码有一点，那就是韩非是中国古代思想史上一个极端重要的代表性人物，如果要了解古典时代中国人如何考虑政治和道德问题，如何考虑法术之治，如何考虑富国强兵，如何思考建构适应时代的帝王之术，《韩非子》都是非读不可的。

但是，这样读《韩非子》，未免就陷入了“发思古之幽情”的陷阱——为古典而古典、为韩非而韩非，并不会让人意识到韩非与今天的政治生活、政治过程、政治行为会有什么样的关联，带来什么样的启迪。

我们今天必须读《韩非子》，并不只是因为韩非是古代历史上一个可供观赏、打量的历史性的大思想家。其实，韩非对政治生活的透视、对时变世易的政治重新谋划的推进，对整个政治离析于道德或者在政治与道德关联的边缘上做出的切近政治的思考，对今天的人们同样有巨大的启发作用。

韩非的论述，当然有特殊的历史背景，也即前文一再强调的，他处在从小规模的君王亲力亲为的“君政”转向大规模的帝国与帝王之制，或者从物少不争，民之智慧纯朴转向到民之智慧开发，因此智巧之士丛生的时代。韩非可以说适应时代的需要，做了深具启发的政治论述。而正是因为顺应了那个时代的需要，韩非成为诸家“务为治者也”之一的、立一家之言的法家代表。而法家之言，因为凸显了法术之治对仁义之说大为不同的治国理政理念，因此，对人们思考政治问题具有不可替代的价值。

二、韩非子的跨时代意义

越过战国那个时代，韩非的论述还有没有什么超时代的意义呢？当秦横扫六合、一统天下，真正确立了帝制，而使得中国的政治史与韩非的政治理论论述发生了某种深度契合以后，是否韩非的历史使命就此终结？汉承秦制，以为万世法，那么汉制又是一种什么样的制度呢？

如果说秦已经实现了韩非的理论意图，那么到汉代，韩非的论述可能就成为多余。但以汉代皇帝自白，“汉家自有制度，本以霸王道杂之”，让韩非多余说可以休矣。这样一种帝王道白，可以帮助人们看到，韩非的基本思想已经携手儒家，深深扎根于中国的政治沃土之中。尽管在思想形态上来讲，后世有所谓“阳儒阴法”的政治秘密，也就是说，作为政治正当性的证明，儒家要高法家一筹，因此它足以摆到台面，而为人们津津乐道，并乐于继承、乐于发挥、乐于再造，乐于应用于政治过程而不断地推陈出新。

法家因为讲求实际的治国之术，而在政治正当性上对人的本性、民众的智慧、政治的操作及君臣关系的看法，都过于消极，因此很难摆到台面。人们也很难以一种正面肯定的态度，富有勇气地谈论法家。因而“阳儒阴法”的结构，让法家潜伏于政治台面之下。但一定不可否认，它对中国古代政治发挥着极大的引导作用。这至少给我们今天读《韩非子》提供了第二个理由，韩非不只是在他身处的历史时段有价值，由于他的思想深深揳入了中国政治土壤之中，而至少直接绵延至中国古代政治终结的晚清阶段。

因此，若想了解整部中国古代政治史，就有必要去读《韩非子》。

第三个重要理由，就是在现代生活中，我们也会发现韩非对于政治生活、对于政治操权、对于国家兴盛衰亡之道的理解，并不过时，反而跟我们种种的现实经验有深深的契合。韩非总是可以让人们拥有一种直面权力的政治思想活力，让人们撇开繁杂的社会要素，直探政治根本。

三、儒、法关系

因此，韩非可以说是洞穿古今，揭示了政治上的同一之道。今天读《韩非子》，有助于理解我们当下正在经历的政治生活。上述三个理由似乎已经足够充分。但稍微仔细辨析一下可知，前述第三个理由，似乎表明的是《韩非子》对今天的影响，仅仅限于政治观念上面，而前两个理由表明的是他对中国古代政治史的连贯性影响，但那是过去式时态的表述。那么韩非影响的现在式，是不是仅只一个观念而已？可能也未必。

经世之学的兴起，让中古以后的中国思想家们逐渐比较客观地来看待法家的思想，而拒绝将中国古代政治的成功统统归于儒家，将失败统统归于法家及其他各家；也不再将政治正确性和良善性的一面统统归于儒家，而将政治上的阴暗面和龌龊做法统统归于法家及其他各家。这种非此即彼的评价，后来发生了重大的转变。

踏入近代的门槛，奄奄一息的清朝统治者完全对西方文明没有招架之力。而此时，作为古代国家意识形态的儒家，似乎也一筹莫展，无法为国家的重生提供精神动力。章太炎、刘师培、梁启超、麦孟华等知识分子，在思考西方何以战胜中国的时候，发现是法治使得西方国家如此强盛。于是他们转而面向本国历史。他们惊喜地发现，其实中国曾经也有法的思想，尤其是有韩非所主张的法治。因为法治被韩非视为富国强兵的唯一可靠之途，因而让民国的陈启天、常燕生这些人率先提出了“新法家”的命题。他们认为，两千余年来，法家和法家人物被攻击、被埋没，是一件大冤案，必须予其平反。而中国的起死回生之道，就在于法家思想的复兴。“新法家”的出现，可以说与中国本身的复兴是同一进程。因此他们重新整理法家思想，并且致力于将其与现代中国的出路对接起来。中国的执政领袖也由此受了一些触动，甚至以“评法批儒”的政治模式，在现代情境中提倡法家。

20世纪90年代和近20年，一些学者提出，由于当今世界格局类似于春秋战国时代，认为需要重新张扬法家思维。他们认为，只有通过法家强调的以法治国，才能真正在国家富强和法治之间建立起因果关系。这可以说是“新法家”认为“老法家”能够在当代社会里发挥最大作用的最强有力的支持论据。“新法家”的主张表明，以韩非为代表的法家思想，并不是一个死的，仅仅属于古代的思想，而是存活于现代并被现代人认为有助于国家治理的活的思想。从这一特定视角来讲，可以构成阅读《韩非子》的第四个理由。

四、治国理政的方法

综上所述，读《韩非子》当然可以获得思想的启迪、实践的启发，也可以在其论述的基础上来再造“新法家”

思想。但是，在笔者个人看来，无论是“新儒家”还是“新法家”，或者“新墨家”“新道家”，如果统统基于现代道德的发展、民主政治的发展、科学技术的发展、法治的发展的现实需要，而重新张扬诸家思想，也许有点用错力了。就像韩非本人特别强调的，儒家用先王之道约束今王之政，免不了被人嘲笑。那么，我们何以要用同样的态度来对待韩非本人呢？即使今天讲“依法治国”，显然其法与韩非所强调的法是不一样的。其作为累赘的“术”“势”，一旦与“法”交错作用，就等于消解了“法”的功用。

与此同时，当我们分别在陈述“新儒家”“新法家”“新墨家”“新道家”的主张，以为他们能够各自拯救中国于贫弱之中而实现富国强兵目的的时候，我们可能忘记了，先秦诸家皆是出自王官之学，后来各自分流，各执一端，“道术将为天下裂”“百家往而不反”，各家其实并不能够独立地去解决国家富强的问题。相反，重新携起手来，在国家的治理当中发挥各自所强调的那一个侧面的作用，并且适时整合、升华、创造，共同来推动中国复兴、富强，可能才真正切近我们的经验生活，也才能真正激活韩非的思想。

因此，用一种经验型的态度来面对古典，展开当下创造，可能是读《韩非子》最有收获，也最恰当的进路吧！

后　记

前两年，网上的音频节目颇受欢迎。于是，在杨澜洁小姐的游说下，我也加入了网络音频节目的录制队伍。其时，形象很正面的古人，尤其是儒家的重要人物，都已经有人分领了录制任务。杨澜洁建议我录制韩非。韩非不是一个好讲的人物。因为他被人认定是中国类似于马基雅维利那样的“邪恶导师”。我不能免俗，自然不想沾染这个可能让人误会我的人物，对我做出渲染专制思想的恶评。但受杨澜洁的一再鼓励，最后竟然接下了这个似乎很不讨好的任务。

音频节目对录制的形式规定得很死，每一集节目的录制时间不能超过二十分钟，一共录制四十讲。想想，《韩非子》一书可是五十五章啊！为了满足“比着框框套鸭蛋”的录制要求，只好将《韩非子》五十五章“合并同类项”，压缩成三十七讲，加上提要钩玄的首讲，以及笃定要做的韩非与马基雅维利之比较、韩非的现代意义这两项内容，总共凑足了四十讲。

此后便是一个人对着录音机讲韩非。音频录制甚是无聊。因为没有听众，没有对话，也没有听众反应，完全是自说自话。原以为几天就能完成的任务，竟然拖了一个多月。真是后悔死了，早知道这事儿不好玩，就应该一口回绝才是。但应承了澜洁，就必须一诺千金，死啃烂骨头。居然也就这么录制了四十讲。而且，阅读居然读出了韩非顺应时势、开悟帝制与开示帝王的中心意旨，认定了韩非不应接受现代中国人的专制指责的看法，也成功克制了将韩非读成口诵德性的儒家的诱惑，且抑制了将韩非解读为现代情景中的政治与道德相分先知的意念。这也算是一次颇有收获的思想自我清理吧？！

接下来是制作过程。一年左右的时间，没有下文。据说有关制作者不满意我的讲法。也难怪，我的讲法可能与录制者的初衷相悖。但也不知道究竟是哪里相悖。澜洁努力争取，没有按照别人的要求要我重录。最后终于由制作方压缩成了一个三十四讲的连续音频节目。播出总归是播出了，但反响如何，真不得而知。想必好不到哪里。因为播出的时候，音频节目的热潮早就过了，我干巴巴落得个扫尾的无趣。

意外收获是，澜洁的公司把音频整理成文字稿了。而且由他们出面签约，交由广西师范大学出版社“世界·观”出版。原本喜出望外，以为顺口说出一本书来，尽管没有在音频节目上赚到什么，但“失之东隅，收之桑榆”，也蛮高兴的。当责任编辑徐碧珊小姐将记录稿发来的时候，我满心欢喜地做了些形式性的整编工作，便交给碧珊处理，然后坐等新书样书了。

岂知天下哪有那么便宜的事情。碧珊在编辑拙稿时发现，重复内容很多，需要删节；复加层次不够清晰，需要加强分析。编辑文本返还给我时，我才觉得非将全书理顺一遍不可。结果将恢复出来的四十讲一拉开来看一遍的时候，发现幸好没有将就着出版，否则就贻笑大方了。那可真是错漏百出，加工余地，真是很大！遗珠之恨，真是太多。于是，无法按照碧珊的要求快速完稿，一拖两月，才勉强交差。

对愿意阅读《韩非子》一书的读者来讲，本书是一本帮助阅读原典的通俗读物。我第一次做这样的事儿。近年习惯做的，都是写高头讲章。那是给那些专业领域愿意阅读就读，不愿意阅读就放弃的读者展开的写作。这本书必须超出专业读者范围，面向社会公众。我向来认为自己没有这种写作本事，也有些不情愿做这样的事情。因为深知撰写这样的文本吃力不讨好不说，还招人误解甚至谩骂。但被澜洁拉去音频上膛过了，几乎就有一种“死猪不怕开水烫”的无感。因此，也就忐忑中交出了书稿。这番无比勉强的努力，但愿不会把我学术通俗化的尝试愿望给彻底灭掉。

尽管加工后的文稿，会稍多一些顾及《韩非子》文本的分析，而不像制作音频节目时，主要是阅读文本。但无论怎样，受制于录制节目时的二十分钟一集的限制，又不好将文字版本弄得太长，因此议论也就只能点到为止了。好在全书将韩非的历史定位一点而出，对韩非开悟帝制与开示帝王的中心意图一再加以了强调。这对读者理解韩非乃是一个应时而起的思想英雄可能会有些帮助，也对读者不拘执于韩非乃一专制辩护师的传统定位可能会有些许触动。这就够了。

其他就没有什么好啰唆的了。祝大家走出不愿直面现实考虑问题，事事推给古人为己负责的观念定式，尽力还给古人一个公道的评价吧！

任剑涛

2020年11月30日北京双清苑磨心居